Raps Wolfgang
Melzer Waltraud

Gesetz. über die Berufe in der Physiotherapie

CIP-Kurztitelaufnahme der Deutschen Bibliothek

RAPS, WOLFGANG:

Gesetz. über die Berufe in der Physiotherapie
mit Ausbildungs- und Prüfungsverordnungen

(Kommentar)/ erl. von Wolfgang Raps und Waltraud Melzer

Remagen, Reha-Verlag, 2007

ISBN 978-3-88239-050-6

NE: Melzer, Waltraud

Ich komme aus der Physiotherapie abteilung = Vorstellung

Gesetz über die Berufe in der Physiotherapie (Masseur- und Physiotherapeutengesetz)

und

Ausbildungs- und Prüfungsverordnungen für Masseure und medizinische Bademeister und für Physiotherapeuten

erläutert von

Wolfgang Raps
Regierungsdirektor a.D.
ehem. Bundesministerium für Gesundheit

und

Waltraud Melzer
Diplom-Medizinpädagogin
im Bundesministerium für Gesundheit

– überarbeitete Auflage –

Reha-Verlag GmbH – 53424 Remagen

DEUTSCHER VERBAND FÜR PHYSIOTHERAPIE – ZENTRALVERBAND

Mitglied in der

ZVK- Der Berufsverband der Physiotherapeuten
Zuverlässig – Vertrauenswürdig – Kompetent

Ziele und Aufgaben

Der Deutsche Verband für Physiotherapie – Zentralverband der Physiotherapeuten/Krankengymnasten (ZVK) e.V. bildet die Dachorganisation von rund 33 000 Mitgliedern der 15 Landesverbände. Der ZVK vertritt die berufspolitischen und fachlichen Interessen der freiberuflichen und angestellten Physiotherapeuten, der Schüler und Studierenden auf Bundesebene. Er ist der einzige deutsche Berufsverband für Physiotherapeuten, der in internationalen Fachorganisationen Sitz und Stimme hat.
Der ZVK setzt sich für die Qualität in Aus-, Fort- und Weiterbildung von Physiotherapeuten ein und ist bestrebt, die akademische Qualifizierung von Physiotherapeuten in Deutschland zu erreichen. In der Heilmittelversorgung arbeitet der ZVK für einen hohen Qualitätsstandard. Für die freiberuflichen Mitglieder verhandelt der ZVK mit den Krankenkassen über Gebührenvereinbarungen und Rahmenverträge. Die Interessen angestellter Physiotherapeuten werden im stationären Bereich derzeit z.B. in der Diskussion um Fallpauschalen und DRGs unterstützt.

Organisation

Der ZVK ist föderalistisch organisiert. Als Dachverband seiner 15 Landesverbände verfügt der ZVK Bundesverband über einen Verbandstag, in dem der Vorstand des Bundesverbandes, die Vorsitzenden der Landesverbände, der Sprecher des Beirates, des ärztlichen Kuratoriums, des BundesJuniorenRates und des BundesStudierendenRates Sitz und Stimme haben. Der Vorstand besteht aus vier Physiotherapeuten, die Geschäftsführung aus zwei Juristen. Dem Vorstand und seinen Landesverbänden steht der Generalsekretär für die fachliche Beratung in allen berufsständischen Fragen zur Verfügung.

Vorsitzende des ZVK	Ulrike Steinecke
Geschäftsführer	RA Heinz Christian Esser
Geschäftsstelle	Deutscher Verband für Physiotherapie – Zentralverband der Physiotherapeuten/Krankengymnasten (ZVK) e.V. Postfach 21 02 80 50528 Köln Tel.: 0221/981027- 0 Fax: 0221/ 981027-25 email: info@zvk.org

Serviceleistungen für Mitglieder

- Beratungen der Mitglieder in berufs-, arbeits-, sozial- und tarifrechtlichen Fragen, in Streitfällen, bei der Zulassung in freier Praxis, in Fragen zu Anerkennung und Arbeiten im In- und Ausland sowie zur Aus-, Fort- und Weiterbildung und Studium
- Interessantes und qualitätsorientiertes Angebot in der Fort- und Weiterbildung, zu ermäßigten Mitgliedspreisen
- Vielseitige Informationen zur Physiotherapie finden Sie in Faltblättern, Broschüren, im ZVK-Journal in der Zeitschrift für Physiotherapeuten des Pflaum-Verlages sowie auf der Homepage des Deutschen Verbandes für Physiotherapie (ZVK) unter **www.zvk.org**

Inhaltsverzeichnis

Seite

Abkürzungen 6

I Einführung 7

II Wortlaut des Gesetzes 12

III Erläuterungen

a) zum Gesetz 24

b) zur Ausbildungs- und Prüfungsverordnung
– für Masseure und medizinische Bademeister 58
– für Physiotherapeuten 89

IV Heilpraktikergesetz (Auszug) 138

V Unfallverhütungsvorschriften (Hinweis) 140

VI Ausgewählte Rechtsvorschriften (Fundstellenhinweise) . . 142

VII Berufsgeheimnis 152

VIII Anschriften 155

Stichwortverzeichnis 157

Abkürzungen

Abs.	Absatz
Art.	Artikel
BGBl. I	Bundesgesetzblatt Teil 1
BBiG	Berufsbildungsgesetz
BR-Drs.	Bundesrats-Drucksache
BT-Drs.	Bundestags-Drucksache
EG	Europäische Gemeinschaft
EU	Europäische Union
EWG	Europäische Wirtschaftsgemeinschaft
GG	Grundgesetz
i.d.F.	in der Fassung
MB-APrV	Ausbildungs- und Prüfungsverordnung für Masseure und medizinische Bademeister
MPhG	Masseur- und Physiotherapeutengesetz
PhysTh-APrV	Ausbildungs- und Prüfungsverordnung für Physiotherapeuten
vgl.	vergleiche

I Einführung

Fast auf den Tag genau 35 Jahre lang galt in der Bundesrepublik Deutschland - nach dem Einigungsvertrag hinsichtlich der Erlaubniserteilung und der Berufsbezeichnung "Krankengymnast" seit Oktober 1990 auch in den neuen Bundesländern - das am 1. Juni 1959 in Kraft getretene Gesetz über die Ausübung der Berufe des Masseurs, des Masseurs und medizinischen Bademeisters und des Krankengymnasten aus dem Jahre 1958. Es regelte damals die bis dahin in länderrechtlichen Vorschriften unterschiedlich gestaltete Ausbildung der Berufe erstmals bundeseinheitlich neu. Zahlreiche seitdem erfolgte Änderungen des Gesetzes berührten die Trennung in die zwei Berufsgruppen Masseur und Krankengymnast, die Ausbildungsgänge und die Zugangsvoraussetzungen grundsätzlich nicht. Die Ausbildung bestand nach den zu dem Gesetz ergangenen Ausbildungs- und Prüfungsordnungen für den Masseurberuf aus einem einjährigen Lehrgang, an den sich für Masseure eine einjährige und für Masseure und medizinische Bademeister eine eineinhalbjährige praktische Tätigkeit anschloß. Der Lehrgang in der Krankengymnastik dauerte zwei Jahre, die anschließende praktische Tätigkeit für Krankengymnasten ein Jahr.

In der ehemaligen DDR umfaßte die Ausbildung der Physiotherapeuten drei Jahre an medizinischen Fachschulen. Den Facharbeiterberuf des Masseurs konnte man nach einem Jahr Ausbildung ergreifen. Der Einigungsvertrag sieht vor, daß alle in der ehemaligen DDR erteilten Erlaubnisse für Masseure und für Physiotherapeuten den Erlaubnissen nach dem bisherigen Masseur- und Krankengymnastengesetz gleichgestellt werden. Für eine Übergangszeit von fünf Jahren galten außerdem die Ausbildungsregeln der ehemaligen DDR in den neuen Bundesländern weiter.

Eine grundlegende Neuordnung der Berufe wurde von den beteiligten Fachkreisen bereits seit Beginn der 80er Jahre dringend gefordert. Es war längst überfällig geworden, die Ausbildungen an die moderne Entwicklung im Bereich der physikalischen Therapie und der Bewegungstherapie anzupassen. Da jedoch insbesondere bei den Berufsverbänden unterschiedliche Vorstellungen darüber bestanden, auf welche Art und Weise die Anpassung erfolgen sollte, schlugen mehrmalige Ansätze der Bundesregierung zu einer Neuregelung fehl.

Zum besseren Verständnis der nunmehr geltenden Regelung sowie zwecks Darstellung der Hintergründe und der Überlegungen des Gesetzgebers wird nachfolgend aus der amtlichen Begründung, Allgemeiner Teil, zum Gesetzentwurf der Bundesregierung (BR-Drs. 524/93, 13"I"-Dis. 12/5887) zitiert:

"Schon 1983 hat die Bundesregierung Einzelheiten für eine gesetzliche Neuordnung dieser Berufe erstmals zur Diskussion gestellt. Sie hat hierzu bisher zwei Gesetzentwürfe (BR-Drs. 366/86 vom 15.8. 1986 sowie BT-Drs. 11/5418 vom 19.10.1989) vorgelegt. Der vorliegende Gesetzentwurf ist der dritte, nachdem die zuvor genannten Entwürfe jeweils nicht zu Ende beraten wurden und daher der Diskontinuität verfielen. Zu den Gesetzentwürfen sind zahlreiche Stellungnahmen der betroffenen Berufsverbände und Organisationen eingeholt worden. Mehrere Anhörungen haben seit 1985 stattgefunden. Ferner sind Ergebnisse zahlreicher Einzel- und Sachverständigengespräche und Voten des Bundesgesundheitsrates (s. Bundesgesundheitsblatt Heft 2/85 und Heft 5/85) geprüft worden.

Da die Ausbildung zum Masseur und medizinischen Bademeister andere Ausbildungsinhalte umfaßt als die des künftigen Physiotherapeuten und auch die Tätigkeitsmerkmale und -bereiche beider Berufe unterschiedlich sind (vgl. §§ 3 und 8), wird die bisherige Trennung der Bereiche Massage (einschl. medizinisches Badewesen) und die den künftigen Physiotherapeuten betreffende "Physiotherapie" beibehalten. Die Bundesregierung hat die Frage geprüft, ob eine Zusammenfassung der Berufsgruppen zu einem einheitlichen Beruf des "Physiotherapeuten" fachlich geboten und zweckmäßig wäre. Der Gesamtbereich der physikalischen Therapie und Bewegungstherapie ist jedoch so umfangreich, daß er nicht in nur einem Ausbildungsgang vermittelt und auch nicht durch nur einen Beruf abgedeckt werden kann. Hinsichtlich der gesundheitlichen Versorgung der Bevölkerung unterscheidet sich die Bundesrepublik Deutschland auf diesem Sektor wesentlich von einigen anderen europäischen Staaten, in denen es teilweise nur den beide Bereiche umfassenden Beruf des Physiotherapeuten gibt. Die Situation in Deutschland, die beispielsweise durch eine besonders gute Versorgung im Bereich des medizinischen Badewesens gekennzeichnet ist, rechtfertigt und erfordert darüber hinaus auch in Zukunft den eigenständigen Beruf des medizinischen Bademeisters. Die Beibehaltung der Trennung der Berufe wird deshalb von der Mehrheit der Beteiligten, insbesondere auch der Länder, und vom Bundesgesundheitsrat aus fachlichen Gründen gefordert

Nicht mehr geboten erscheint die bisherige Zweiteilung bei den Berufen in der Massage. Der Beruf des "Masseurs und medizinischen Bademeisters" unterscheidet sich vom "Masseur" lediglich durch eine längere, in medizinischen Badeanstalten abzuleistende praktische Tätigkeit nach einem für beide Berufe gemeinsamen Lehrgang und nach der ebenfalls gemeinsamen staatlichen Prüfung. Der weitaus größere Teil der Absolventen der Ausbildung in der Massage strebt die Berufsbezeichnung "Masseurin und medizinische Bademeisterin" bzw. "Masseur und medizinischer Bademeister" an (nach Angaben der Berufsverbände führen zur Zeit mehr als 80 % der Berufsangehörigen diese Berufsbezeichnung). In der Praxis der Berufsausübung gibt es keine nennenswerte Trennung zwischen den beiden Berufen.

Unterschiedlich beurteilt wurde die Frage der Berufsbezeichnung für den künftig zusammengefaßten Beruf des "Masseurs und medizinischen Bademeisters". Gegenüber dem Vorschlag der Bundesregierung, diese Bezeichnung zu verwenden, wurde bisher keine andere Berufsbezeichnung genannt, die zum Ausdruck bringt, daß es sich um den Gesamtbereich der Massage und Bäder handelt. Die vorgeschlagenen Bezeichnungen "Masseur" oder "Medizinischer Masseur" allein genügen insoweit nicht.

Durch die Beibehaltung der generellen Trennung der Bereiche "Massage" und "Krankengymnastik" wird sich für den Beruf des zukünftigen Physiotherapeuten keine grundlegende Änderung gegenüber dem derzeitigen Berufsbild des Krankengymnasten ergeben.

Eine wichtige Rolle bei der Neuordnung kommt der Frage der Integration der praktischen Ausbildung in einen einheitlichen Ausbildungsgang für Physiotherapeuten zu. Nach geltendem Recht ist in beiden Berufsgruppen ein Lehrgang zu durchlaufen und nach bestandener staatlicher Prüfung eine praktische Tätigkeit in zur Annahme von Praktikanten ermächtigten Krankenhäusern, medizinischen Badeanstalten und sonstigen Einrichtungen zur medizinischen Massage oder zur krankengymnastischen Behandlung oder Rehabilitation abzuleisten. Während der praktischen Tätigkeit hat der Praktikant in einer bestimmten Anzahl von Unterrichtsstunden seine während des Lehrgangs erworbenen Kenntnisse zu vertiefen. Nach abgeleistetem Praktikum wird die Erlaubnis zum Führen der Berufsbezeichnung erteilt.

Dieser Ausbildungsteil wird durch die beteiligten Fachkreise unterschiedlich beurteilt. Insbesondere für die bisherige Ausbildung in der Krankengymnastik erscheint es im Hinblick darauf, daß eine ordnungsgemäße Ausbildung während des Praktikums nachweislich nicht immer gewährleistet ist und auch eine Erfolgskontrolle am Ende durch eine staatliche Prüfung nicht besteht, wenig effektiv. Es wird deshalb von den Berufsverbänden in der Krankengymnastik, von den Ländern und vom Bundesgesundheitsrat gefordert, die praktische Ausbildung voll in den Lehrgang zu integrieren, wie dies bei anderen Regelungen für nichtärztliche Heilberufe erfolgt ist (zuletzt hei den Logopäden und Orthoptisten).

Bei der Ausbildung in der Massage sind die beteiligten Fachkreise hingegen der Auffassung, daß ein Praktikum bisheriger Art, wenn auch entscheidend verkürzt, nach dem schulisch ausgerichteten Lehrgang nach wie vor fachlich geboten sei. Weil im Lehrgang unter Aufsicht und Anleitung gelernt und praktisch geübt werde, könne der Schüler nur durch eine anschließende praktische Tätigkeit die für die spätere Berufsausübung wichtigen Fertigkeiten entwickeln. Deshalb sei eine volle Integration der praktischen Ausbildung in den Massagelehrgang nicht sinnvoll.

Für den Masseur und medizinischen Bademeister soll es daher aus fachlichen Gründen im Hinblick auf die stärker praxisorientierte Ausbildung grundsätzlich bei der bisherigen Zweiteilung in Lehrgang und praktische Tätigkeit bleiben. Dies trägt auch der unterschiedlichen Schwerpunktsetzung bei der Ausübung der beiden Berufe Rechnung. Um jedoch den gestiegenen Anforderungen an den Beruf besser gerecht werden zu können, soll die Dauer des Lehrgangs in der Massage von derzeit - seit 1958 unverändert - zwölf Monaten auf zwei Jahre verlängert werden. Damit ist es möglich, die umfangreicher gewordenen notwendigen Kenntnisse und Fertigkeiten als Grundlage für die anschließende von 18 auf nur noch sechs Monate verkürzte Praktikantentätigkeit sowie für einen erleichterten Übergang in die Ausbildung als Physiotherapeut zu vermitteln. Das Nähere regelt die Ausbildungs- und Prüfungsverordnung, die nach § 13 Abs. 1 zu erlassen und entsprechend der modernen Entwicklung in der physikalischen Therapie auszugestalten ist. Die Dauer des Lehrgangs, die gegenüber der bisherigen Regelung verdoppelt wird, erscheint dem umfangreicher gewordenen Lehrstoff angemessen. Zusammen mit der sechsmonatigen praktischen Tätigkeit umfaßt die Ausbildung zum Masseur und medizinischen Bademeister auch künftig insgesamt zweieinhalb Jahre wie bisher. Durch die Verlängerung des Lehrgangs und durch die erhebliche Straffung des Praktikums wird ohne Ausweitung der Gesamtausbildungsdauer dennoch eine wesentliche Verbesserung der Qualität der Ausbildung erreicht. Die Verlängerung des Lehrgangs, die keine Verschulung bedeutet, weil die praktischen 10Unterrichtsanteile in angemessenem Verhältnis zum theoretischen Unterricht verstärkt werden sollen, rechtfertigt schließlich auch die wesentlich verbesserten Durchstiegsbedingungen aus der Massage in die Physiotherapie nach § 12 Abs. 1 des Gesetzentwurfs.

Für den Beruf des Physiotherapeuten ist dagegen in Übereinstimmung mit den zurückliegenden Gesetzentwürfen ein einheitlicher dreijähriger Ausbildungsgang vorgesehen, der integriert sowohl theoretischen und praktischen Unterricht als auch eine praktische Ausbildung umfaßt. Im Hinblick auf die hohen Ausbildungsanforderungen, die sich, neben umfangreichem Wissen in der Medizin auf Kenntnisse und Fertigkeiten in der Bewegungstherapie und der physikalischen Therapie erstrecken, ist eine dreijährige Ausbildung fachlich geboten, aber auch ausreichend."

Soweit aus der amtlichen Begründung.
Das MPhG stellt - noch rechtzeitig innerhalb der im Einigungsvertrag von 1990 vorgesehenen Fünfjahresfrist - die Rechtseinheit mit den neuen Bundesländern her. Die in der ehemaligen DDR geltende Berufsbezeichnung "Physiotherapeut" wurde anstelle der bisherigen Berufsbezeichnung "Krankengymnast" nicht zuletzt auch deshalb übernommen, weil sie in mehreren Mitgliedstaaten der EU üblich ist.
Mit der Neuregelung der Berufsausbildungen für Masseure und medizinische Bademeister und für Physiotherapeuten wird auch EU-Recht in deutsches Recht umgesetzt, und zwar die Richtlinie des Rates vom 21. Dezember 1988 über eine allgemeine Regelung zur Anerkennung der Hochschuldiplome, die eine mindestens dreijährige Berufsausbildung abschließen (89/48/EWG), ABI. EG Nr. L 19 S. 16 vom 24. Januar 1989, die Richtlinie des Rates vom 18. Juni 1992 über eine zweite allgemeine Regelung zur Anerkennung beruflicher Befähigungsnachweise in Ergänzung zur Richtlinie 89/48/EWG (92/51/EWG), ABI. EG Nr. 1,. 209 S. 25, und das Abkommen von Porto zwischen der Europäischen Gemeinschaft, ihren Mitgliedstaaten und den Staaten der Europäischen Freihandelszone (EFTA) über den Europäischen Wirtschaftsraum vom 2. Mai 1992 (EWR-Abkommen) im Hinblick auf die Anerkennung der Diplome und Prüfungszeugnisse innerhalb der Mitgliedstaaten der EU und der Unterzeichnerstaaten des genannten Abkommens.
Durch die Umsetzung der Richtlinien wird die gegenseitige Anerkennung von Diplomen und Prüfungszeugnissen für die im MPhG geregelten Berufe nach näherer Maßgabe dieser Richtlinien innerhalb der Mitgliedstaaten der EU und der Vertragsstaaten des EWR-Abkommens sichergestellt.

Berlin/Bonn, Juni 1995

II Wortlaut des Gesetzes

Gesetz
über die Berufe in der Physiotherapie
(Masseur- und Physiotherapeutengesetz - MPhG)

Vom 26. Mai 1994 (BGBl. I S. 1084),
zuletzt geändert durch Art. 50 V des Gesetzes vom 31. Oktober 2006 (BGBl. I S. 2407)

Der Bundestag hat mit Zustimmung des Bundesrates das folgende Gesetz beschlossen:

Abschnitt 1
Erlaubnis

§ 1

Wer eine der Berufsbezeichnungen

1. "Masseurin und medizinische Bademeisterin" oder
   "Masseur und medizinischer Bademeister",
2. "Physiotherapeutin" oder "Physiotherapeut"

führen will, bedarf der Erlaubnis.

§ 2

(1) Die Erlaubnis nach § 1 ist auf Antrag zu erteilen, wenn der Antragsteller,

1. die vorgeschriebene Ausbildung abgeleistet und die staatliche Prüfung bestanden hat,
2. sich nicht eines Verhaltens schuldig gemacht hat, aus dem sich die Unzuverlässigkeit zur Ausübung des Berufs ergibt,
3. nicht in gesundheitlicher Hinsicht zur Ausübung des Berufs ungeeignet ist.

4. Kenntnisse der Deutschen Sprache

(2) Eine außerhalb des Geltungsbereichs dieses Gesetzes erworbene abgeschlossene Ausbildung erfüllt die Voraussetzungen des Absatzes 1 Nr. 1, wenn die Gleichwertigkeit des Ausbildungsstandes gegeben ist. Ist die Gleichwertigkeit des Ausbildungsstandes nicht gegeben oder ist sie nur mit unangemessenem zeitlichen oder sachlichen Aufwand feststellbar, ist ein gleichwertiger Kenntnisstand nachzuweisen. Der Nachweis wird durch das Ablegen einer Prüfung erbracht, die sich auf den Inhalt des mündlichen und praktischen Teils der staatlichen Prüfung erstreckt. Bei Anträgen von Staatsangehörigen eines Vertragsstaates des Europäischen Wirtschaftsraumes, die eine Erlaubnis nach § 1 Nr. 1 oder 2 beantragen, kann die Gleichwertigkeit des Ausbildungsstandes im Sinne des Satzes 1 auch durch Vorlage eines Diploms, Prüfungszeugnisses oder Befähigungsnachweises belegt werden, wenn die durch diesen Nachweis bescheinigte Ausbildung überwiegend in einem Vertragsstaat des Europäischen Wirtschaftsraumes oder an Ausbildungseinrichtungen eines Drittlandes, die eine Ausbildung gemäß den Rechts- und Verwaltungsvorschriften eines Mitgliedstaates vermitteln, erworben wurde oder wenn dessen Inhaber eine dreijährige Berufserfahrung hat, die von dem Mitgliedstaat bescheinigt wird, der einen Ausbildungsnachweis eines Drittlandes anerkannt hat.

3) Die Voraussetzung des Absatzes 1 Nr. 1 gilt als erfüllt, wenn der Antragsteller in einem anderen Vertragsstaat des Europäischen Wirtschaftsraumes eine Ausbildung abgeschlossen hat und dies durch Vorlage eines den Mindestanforderungen des Artikels 1 Buchstabe a der Richtlinie 89/48/EWG des Rates vom 21. Dezember 1988 über eine allgemeine Regelung zur Anerkennung der Hochschuldiplome, die eine mindestens dreijährige Berufsausbildung abschließen (ABl. EG Nr. L 19 S. 16) in der jeweils geltenden Fassung, oder des Artikels 1 Buchstabe a der Richtlinie 92/51/EWG des Rates vom 18. Juni 1992 über eine zweite allgemeine Regelung zur Anerkennung beruflicher Befähigungsnachweise in Ergänzung zur Richtlinie 89/48/EWG (ABl. EG Nr. L 209 S. 25) in der jeweils geltenden Fassung entsprechenden Diploms des betreffenden Vertragsstaates des Europäischen Wirtschaftsraumes nachweist, sofern die Ausbildung keine wesentlichen Unterschiede im Vergleich zu der nach diesem Gesetz geregelten Ausbildung hinsichtlich ihrer Dauer oder Inhalte aufweist. Antragsteller, deren Ausbildung wesentliche

Unterschiede im Sinne des Satzes 1 aufweist, haben einen Anpassungslehrgang zu absolvieren oder eine Eignungsprüfung abzulegen, wenn nicht ihre nachgewiesene Berufserfahrung zum Ausgleich der festgestellten wesentlichen Unterschiede geeignet ist. Einem Diplom nach Satz 1 wird gleichgestellt ein Prüfungszeugnis, das dem Artikel 1 Buchstabe b der Richtlinie 92/51/EWG entspricht, wenn die Antragsteller nach Maßgabe des Artikels 5 Abs. 2 der genannten Richtlinie einen Anpassungslehrgang abgeschlossen oder eine Eignungsprüfung abgelegt haben. Antragsteller haben das Recht, zwischen dem Anpassungslehrgang und der Eignungsprüfung nach Satz 2 oder 3 zu wählen. Der Anpassungslehrgang darf die Dauer von drei Jahren nicht überschreiten.

(4) Für einen Antragsteller, der eine Erlaubnis nach § 1 Nr. 1 anstrebt, gilt die Voraussetzung des Absatzes 1 Nr. 1 als erfüllt, wenn er in einem anderen Mitgliedstaat der Europäischen Gemeinschaft oder einem anderen Vertragsstaat des Abkommens über den Europäischen Wirtschaftsraum eine Ausbildung abgeschlossen hat und dies durch Vorlage eines den Mindestanforderungen des Artikels 1 Buchstabe b der Richtlinie 92/51/EWG entsprechenden Prüfungszeugnisses nachweist. Absatz 3 Satz 1 letzter Halbsatz, Satz 2, 4 und 5 gelten entsprechend.

(5) Die Absätze 2, 3 und 4 gelten entsprechend für Drittstaaten und Drittstaatsangehörige, soweit sich hinsichtlich der Diplomanerkennung nach dem Recht der Europäischen Gemeinschaften eine Gleichstellung ergibt.

Abschnitt 2
Ausbildung als Masseur und medizinischer Bademeister

§ 3

Die Ausbildung soll entsprechend der Aufgabenstellung des Berufs insbesondere dazu befähigen, durch Anwenden geeigneter Verfahren der physikalischen Therapie in Prävention, kurativer Medizin, Rehabilitation und im Kurwesen Hilfen zur Heilung und Linderung, zur Wiederherstellung oder Verbesserung der Arbeits- und Erwerbsfähigkeit, zu gesundheitsförderndem Verhalten und zum Kurerfolg zu geben (Ausbildungsziel).

§ 4

(1) Die Ausbildung besteht aus einem Lehrgang, der theoretischen und praktischen Unterricht und eine praktische Ausbildung umfaßt, sowie aus einer praktischen Tätigkeit.

(2) Der Lehrgang wird in staatlich anerkannten Schulen durchgeführt. Er dauert zwei Jahre und schließt mit. der staatlichen Prüfung ab.

(3) Die praktische Tätigkeit dauert sechs Monate und richtet sich nach § 7.

§ 5

Voraussetzung für den Zugang zur Ausbildung nach § 4 ist

1. die Vollendung des 16. Lebensjahres und die gesundheitliche Eignung zur Ausübung des Berufs und
2. der Hauptschulabschluß oder eine gleichwertige Schulbildung oder eine abgeschlossene Berufsausbildung von mindestens einjähriger Dauer.

Die zuständige Behörde kann Ausnahmen von dem Erfordernis der Vollendung des 16. Lebensjahres nach Nummer 1 zulassen, wenn die Ausbildung in dem Jahr begonnen wird, in dem das 16. Lebensjahr vollendet wird und wenn die Durchführung des Lehrgangs und die Ereichung des Ausbildungsziels dadurch nicht gefährdet werden.

§ 6

(1) Auf die Dauer des Lehrgangs werden angerechnet

1. Ferien,
2. Unterbrechungen durch Schwangerschaft, Krankheit oder aus anderen, von der Schülerin oder vom Schüler nicht zu vertretenden Gründen bis zur Gesamtdauer von acht Wochen, bei verkürztem Lehrgangs nach Absatz 2 bis zu höchstens drei Wochen.

Auf Antrag können auch darüber hinausgehende Fehlzeiten berücksichtigt werden, soweit eine besondere Härte vorliegt und das Ausbildungsziel durch die Anrechnung nicht gefährdet wird.

(2) Auf Antrag kann eine andere Ausbildung im Umfang ihrer Gleichwertigkeit auf die Dauer des Lehrgangs angerechnet werden, wenn die Durchführung des Lehrgangs und die Erreichung des Ausbildungsziels dadurch nicht gefährdet werden.

§ 7

(1) Die praktische Tätigkeit ist nach bestandener staatlicher Prüfung in zur Annahme von Praktikanten ermächtigten Krankenhäusern oder anderen geeigneten medizinischen Einrichtungen unter Aufsicht eines Masseurs und medizinischen Bademeisters und, soweit ein solcher nicht zur Verfügung steht, eines Krankengymnasten oder Physiotherapeuten abzuleisten.

(2) Die Ermächtigung zur Annahme von Praktikanten nach Absatz 1 setzt voraus, daß die Krankenhäuser oder vergleichbaren Einrichtungen über

a) Patienten in der zur Erreichung des Ausbildungsziels (§ 3) erforderlichen Zahl und Art,
b) eine ausreichende Anzahl Masseure und medizinische Bademeister und, soweit ein solcher nicht zur Verfügung steht, eines Krankengymnasten oder Physiotherapeuten sowie die notwendigen Räumlichkeiten und Einrichtungen und
c) eine der medizinischen Entwicklung entsprechende apparative Ausstattung

verfügen.

(3) Wird die praktische Tätigkeit länger als vier Wochen unterbrochen, ist die darüber hinausgehende Zeit nachzuholen. Dies gilt entsprechend, wenn eine nach Absatz 4 verkürzte praktische Tätigkeit länger als zwei Wochen unterbrochen wird.

(4) Auf Antrag kann eine außerhalb des Geltungsbereichs dieses Gesetzes abgeleistete praktische Tätigkeit in der Massage im Umfang ihrer Gleichwertigkeit ganz oder teilweise auf die praktische Tätigkeit nach Absatz 1 angerechnet werden.

Abschnitt 3
Ausbildung als Physiotherapeut

§ 8

Die Ausbildung soll entsprechend der Aufgabenstellung des Berufs insbesondere dazu befähigen, durch Anwenden geeigneter Verfahren der Physiotherapie in Prävention, kurativer Medizin, Rehabilitation und im Kurwesen Hilfen zur Entwicklung, zum Erhalt oder zur Wiederherstellung aller Funktionen im somatischen und psychischen Bereich zu geben und bei nicht rückbildungsfähigen Körperbehinderungen Ersatzfunktionen zu schulen (Ausbildungsziel).

§ 9

Die Ausbildung dauert drei Jahre und besteht aus theoretischem und praktischem Unterricht und einer praktischen Ausbildung. Sie wird durch staatlich anerkannte Schulen vermittelt und schließt mit der staatlichen Prüfung ab. Schulen, die nicht an einem Krankenhaus eingerichtet sind, haben die praktische Ausbildung im Rahmen einer Regelung mit Krankenhäusern oder anderen geeigneten medizinischen Einrichtungen sicherzustellen.

§ 10

Voraussetzung für den Zugang zur Ausbildung nach § 9 ist

1. die Vollendung des 17. Lebensjahres und die gesundheitliche Eignung zur Ausübung des Berufs und
2. der Realschulabschluß oder eine gleichwertige Ausbildung oder eine andere abgeschlossene zehnjährige Schulbildung, die den Hauptschulabschluß erweitert, oder eine nach Hauptschulabschluß oder einem gleichwertigen Abschluß abgeschlossene Berufsausbildung von mindestens zweijähriger Dauer.

Die zuständige Behörde kann Ausnahmen von dem Erfordernis der Vollendung des 17. Lebensjahres nach Nummer 1 zulassen, wenn die Ausbildung in dem Jahr begonnen wird, in dem das 17. Lebensjahr vollendet wird und wenn die Durchführung des Lehrgangs und die Erreichung des Ausbildungsziels dadurch nicht gefährdet werden.

§ 11

Auf die Dauer einer Ausbildung nach § 9 werden angerechnet

1. Ferien,
2. Unterbrechungen durch Schwangerschaft, Krankheit oder aus anderen, von der Schülerin oder vom Schüler nicht zu vertretenden Gründen bis zur Gesamtdauer von zwölf Wochen, bei verkürzter Ausbildung nach § 12 bis zu höchstens vier Wochen je Ausbildungsjahr.

§ 6 Abs. 1 Satz 2 gilt entsprechend.

§ 12

(1) Bei Personen, die die staatliche Prüfung nach § 4 Abs. 2 bestanden haben, wird auf Antrag die Ausbildung nach § 9 Satz 1 auf 18 Monate oder bei Ausbildung in Teilzeitform auf 2100 Stunden verkürzt. Satz 1 gilt für Personen, die die in § 1 Nr. 1 genannte Berufsbezeichnung führen dürfen, entsprechend. Bei Personen nach Satz 2 mit einer mindestens fünfjährigen Tätigkeit m diesem Beruf wird auf Antrag der Lehrgang nach § 9 Satz 1 auf zwölf Monate oder bei Ausbildung in Teilzeitform auf 1.400 Stunden verkürzt. Auf den verkürzten Lehrgang nach Satz 3 können auf Antrag Fort- oder Welterbildungen im Umfang ihrer Gleichwertigkeit um höchstens drei Monate oder 350 Stunden angerechnet werden, wenn die Durchführung der Ausbildung und die Erreichung des Ausbildungsziels dadurch nicht gefährdet werden. Bei einer verkürzten Ausbildung nach den Sätzen 1 bis 4 kann der theoretische Unterricht auch in Form von Fernunterricht erteilt werden. Die verkürzte Ausbildung schließt mit einer staatlichen Ergänzungsprüfung ab. Diese erstreckt sich auf die in dem Lehrgang vermittelten Kenntnisse und Fertigkeiten. Das Nähere regelt die Ausbildungs- und Prüfungsverordnung nach § 13 Abs. 2. Diese soll die Möglichkeit eröffnen, die Prüfung in Teilabschnitten abzulegen, beginnend mit der Prüfung der im Unterricht erworbenen Kenntnisse.

(2) Auf die Ausbildung nach § 9 sind auf Antrag mit sechs Monaten anzurechnen:

1. eine an einer staatlich anerkannten Lehranstalt abgeschlossene, mindestens zweijährige Ausbildung als Turn- und Sportlehrer,
2. eine an einer staatlich anerkannten Lehranstalt abgeschlossene, mindestens zweijährige Ausbildung als Gymnastiklehrer.

(3) Auf Antrag kann eine andere Ausbildung im Umfang ihrer Gleichwertigkeit auf die Dauer einer Ausbildung nach § 9 angerechnet werden, wenn die Durchführung der Ausbildung und die Erreichung des Ausbildungsziels dadurch nicht gefährdet werden.

Abschnitt 4
Ausbildungs- und Prüfungsverordnungen

§ 13

(1) Das Bundesministerium für Gesundheit wird ermächtigt, in Benehmen mit dem Bundesministerium für Bildung und Forschung durch Rechtsverordnung mit Zustimmung des Bundesrates in einer Ausbildungs- und Prüfungsverordnung nach Maßgabe des § 3 die Mindestanforderungen an den Lehrgang nach § 4 Abs. 1, das Nähere über die staatliche Prüfung für Masseure und medizinische Bademeister, über die praktische Tätigkeit nach § 7 sowie über die Urkunden für die Erlaubnis nach § 1 Nr. 1 zu regeln.

(2) Das Bundesministerium für Gesundheit wird ferner ermächtigt, im Benehmen mit dem Bundesministerium für Bildung und Forschung durch Rechtsverordnung mit Zustimmung des Bundesrates in einer Ausbildungs- und Prüfungsverordnung nach Maßgabe des § 8 die Mindestanforderungen an die Ausbildung für Physiotherapeuten nach den §§ 9 und 12 Abs. 1, das Nähere über die staatliche Prüfung sowie über die Urkunden für die Erlaubnis nach § 1 Nr. 2 zu regeln.

(3) In der Rechtsverordnung nach den Absätzen 1 und 2 ist für Diplominhaber oder Inhaber eines Prüfungszeugnisses, die eine Erlaubnis nach § 2 Abs. 1 Nr. 1 in Verbindung mit § 2 Abs. 3, 4 oder 5 beantragen, zu regeln:

1. das Verfahren bei der Prüfung der Voraussetzungen des § 2 Abs. 1 Nr. 2 und 3, insbesondere die Vorlage der vom Antragsteller vorzulegenden Nachweise und die Ermittlung durch die zuständige Behörde entsprechend Artikel 6 der Richtlinie 89/48/EWG oder den Artikeln 10 und 12 Abs. 1 der Richtlinie 92/51 /EWG,
2. das Recht von Diplominhabern, nach Maßgabe des Artikels 1 Abs. 2 der Richtlinie 92/51 /EWG zusätzlich zu einer Berufsbezeichnung nach § 1 die im Heimat- oder Herkunftsmitgliedstaat bestehende Ausbildungsbezeichnung und, soweit nach dem Recht des Heimat- oder Herkunftsmit-

gliedstaates zulässig, deren Abkürzung in der Sprache dieses Staates zu führen,

3. die Frist für die Erteilung der Erlaubnis entsprechend Artikel 8 Abs. 2 der Richtlinie 89/48/EWG oder Artikel 12 Abs. 2 der Richtlinie 92/51 /EWG.

Abschnitt 5
Zuständigkeiten

§ 14

(1) Die Entscheidungen nach § 2 Abs. 1 und § 7 Abs. 4 trifft die zuständige Behörde des Landes, in dem der Antragsteller die staatliche Prüfung bestanden hat.

(2) Die Entscheidung nach § 6 Abs. 2 oder nach § 12 trifft die zuständige Behörde des Landes, in dem der Antragsteller an einem Lehrgang nach § 4 Abs. 1 oder an einer Ausbildung nach § 9 teilnehmen will oder teilnimmt.

Abschnitt 6
Bußgeldvorschriften

§ 15

(1) Ordnungswidrig handelt, wer

1. ohne Erlaubnis nach § 1 die Berufsbezeichnung
   a) "Masseurin und medizinische Bademeisterin" oder
      "Masseur und medizinischer Bademeister" oder
   b) "Physiotherapeutin" oder "Physiotherapeut" oder
2. entgegen § 16 Abs. 3 Satz 3 die Berufsbezeichnung "Masseurin" oder "Masseur" oder entgegen § 16 Abs. 4 Satz. 2 die Berufsbezeichnung "Krankengymnastin" oder "Krankengymnast".

führt.

(2) Die Ordnungswidrigkeit kann mit einer Geldbuße bis zu zweitausendfünfhundert Euro geahndet werden.

Abschnitt 7
Übergangs- und Schlußvorschriften

§ 16

(1) Eine vor Inkrafttreten dieses Gesetzes erteilte Erlaubnis als "Masseurin und medizinische Bademeisterin" oder als "Masseur und medizinischer Bademeister" oder eine einer solchen Erlaubnis durch das Gesetz über die Ausübung der Berufe des Masseurs, des Masseurs und medizinischen Bademeisters und des Krankengymnasten in der im Bundesgesetzblatt Teil III. Gliederungsnummer 2124-7, veröffentlichten bereinigten Fassung, zuletzt geändert gemäß Artikel 14 der Verordnung vom 26. Februar 1993 (BGBl. I S. 278), gleichgestellte Erlaubnis gilt als Erlaubnis nach § 1 Nr. 1. Eine vor Inkrafttreten dieses Gesetzes erteilte Erlaubnis als "Krankengymnastin" oder als "Krankengymnast" oder eine einer solchen Erlaubnis durch das in Satz 1 genannte Gesetz gleichgestellte Erlaubnis gilt als Erlaubnis nach § 1 Nr. 2.

(2) Eine Ausbildung in der Massage, in der Krankengymnastik oder als Physiotherapeut, die vor Inkrafttreten dieses Gesetzes auf Grund des in Absatz 1 Satz 1 genannten Gesetzes begonnen worden ist, wird nach den bisher geltenden Vorschriften abgeschlossen. Nach Abschluß der Ausbildung in der Massage erhält der Antragsteller, wenn die Voraussetzungen des § 2 Abs. 1 Nr. 2 und 3 vorliegen, eine Erlaubnis nach § 1 Nr. 1 dieses Gesetzes oder eine Erlaubnis zur Führung der Berufsbezeichnung "Masseurin" oder "Masseur" nach § 1 des in Absatz 1 Satz 1 gemimten Gesetzes. Personen, die eine Erlaubnis nach § 1 Nr. 1 dieses Gesetzes beantragen, müssen ferner die Voraussetzungen des § 11 des in Absatz 1 Satz 1 genannten Gesetzes erfüllen. Nach Abschluß der Ausbildung in der Krankengymnastik oder als Physiotherapeut erhält der Antragsteller eine Erlaubnis nach § 1 Nr. 2, wenn die Voraussetzungen des § 2 Abs. 1 Nr. 2 und 3 vorliegen.

(3) Masseure, die eine Erlaubnis nach dem in Absatz 1 Satz 1 genannten Gesetz besitzen, dürfen diese Berufsbezeichnung weiter führen. Ihnen ist auf Antrag eine Erlaubnis nach § 1 Nr. 1 zu erteilen, wenn sie nach Erteilung der Erlaubnis als Masseur mindestens zwölf Monate in einem medizinischen Badebetrieb oder einer vergleichbaren Einrichtung zur medizinischen Massage tätig waren. Außer in den Fällen des Absatzes 2 Satz 2 und des Absatzes 3 Satz 1 darf die Berufsbezeichnung "Masseurin" oder "Masseur" nicht geführt werden.

(4) Krankengymnasten, die eine Erlaubnis nach dem in Absatz 1 Satz 1 genannten Gesetz besitzen, dürfen diese Berufsbezeichnung weiter führen. Außer im Falle des Satzes 1 darf die Berufsbezeichnung "Krankengymnastin" oder "Krankengymnast" nicht geführt werden.

(5) Im Krankenhausfinanzierungsgesetz in der Fassung der Bekanntmachung vom 10. April 1991 (BGBl. I S. 886), zuletzt geändert durch Artikel 17 des Gesetzes vom 26. Mai 1994 (BGBl. I S. 1014); werden in § 2 Nr. la Buchstabe d nach dem Wort "Krankengymnastin," die Worte "Physiotherapeut, Physiotherapeutin" angefügt.

(6) Im Fünften Buch Sozialgesetzbuch (Artikel 1 des Gesetzes vom 20. Dezember 1988, BGBl. I S. 2477), zuletzt geändert durch Artikel 4 des Gesetzes vom 26. Mai 1994 (BGBl. I S. 10 4), werden in § 124 Abs. 2 nach Satz 1 folgende Sätze 2 und 3 angefügt:

"Ein zugelassener Leistungserbringer von Heilmitteln ist in einem weiteren Heilmittelbereich zuzulassen, sofern er für diesen Bereich die Voraussetzungen des Satzes 1 Nr. 3 und 4 erfüllt und eine oder mehrere Personen beschäftigt, die die Voraussetzungen des Satzes 1 Nr. 1 und 2 nachweisen. Sofern ein zugelassener Leistungserbringer anschließend die Qualifikation zum Physiotherapeuten erwirbt, gilt die berufspraktische Erfahrungszeit nach Absatz 2 Nr. 2 als erfüllt."

§ 17

(1) Findet die Ausbildung als Physiotherapeut (§ 9) an einer Schule statt, die nicht an einem Krankenhaus eingerichtet ist, kann abweichend von § 9 Satz 1 und 3 die praktische Ausbildung bis zur Dauer von zwölf Monaten auch als praktische Tätigkeit außerhalb des Lehrgangs an einem zur Annahme von Praktikanten ermächtigten Krankenhaus unter Aufsicht eines Krankengymnasten oder eines Physiotherapeuten und unter ärztlicher Verantwortung durchgeführt werden. Abweichend von Satz 1 kann die praktische Tätigkeit bis zur Dauer von vier Monaten auch an einer zur Annahme von Praktikanten ermächtigten Einrichtung, in der Patienten physiotherapeutisch behandelt oder rehabilitiert werden, unter Aufsicht eines Krankengymnasten oder eines Physiotherapeuten abgeleistet werden. § 7 Abs. 2 gilt entsprechend.

(2) Absatz 1 gilt nur für Schulen, die bei Inkrafttreten des Gesetzes nach § 7 Abs. 1 des in § 16 Abs. 1 Satz 1 genannten Gesetzes als zur Ausbildung geeignet staatlich anerkannt sind, und nur für Ausbil-

dungen, die vor dem 1. Juni 1998 abgeschlossen werden. Ist eine Wiederholung der staatlichen Prüfung erforderlich, kann der in Satz 1 für den Abschluß der Ausbildung genannte Zeitpunkt entsprechend überschritten werden.

(3) Schulen, die vor Inkrafttreten dieses Gesetzes aufgrund des in § 16 Abs. 1 Satz 1 genannten Gesetzes die staatliche Anerkennung erhalten haben, gelten weiterhin als staatlich anerkannt nach § 4 Abs. 2 oder § 9, sofern die Anerkennung nicht zurückgenommen wird.

§ 18

Für Umschüler mit einer abgeschlossenen Ausbildung in einem medizinischen Fachberuf kann auf Antrag der Lehrgang nach § 4 Abs. 2 Satz 2 um sechs Monate verkürzt werden, wenn mindestens die Voraussetzung des § 5 Nr. 1 erfüllt ist und die Durchführung der Ausbildung und die Erreichung des Ausbildungsziels dadurch nicht gefährdet werden. Für Umschüler mit einer abgeschlossenen Ausbildung in einem medizinischen Fachberuf kann auf Antrag die Ausbildung nach § 9 Satz 1 um sechs Monate, nach mindestens dreijähriger Tätigkeit im erlernten Beruf um weitere sechs Monate verkürzt werden, wenn mindestens die Voraussetzung des § 10 Nr. 1 erfüllt ist und die Durchführung der Ausbildung und die Erreichung des Ausbildungsziels dadurch nicht gefährdet werden. Die Sätze 1 und 2 gelten nur für Umschulungen, die bis zum 31. Dezember 2000 begonnen werden. § 6 Abs. 2 und § 12 Abs. 3 bleiben unberührt.

§ 19

Dieses Gesetz tritt mit Ausnahme des § 13 am 1. Juni 1994 in Kraft. Gleichzeitig tritt das Gesetz über die Ausübung der Berufe des Masseurs, des Masseurs und medizinischen Bademeisters und des Krankengymnasten außer Kraft. § 13 tritt am Tage nach der Verkündung in Kraft.

III Erläuterungen

a) zum Gesetz über die Berufe in der Physiotherapie (Masseur- und Physiotherapeutengesetz - MPhG)

Abschnitt 1
Erlaubnis

§ 1

Wer eine der Berufsbezeichnungen

1. **"Masseurin und medizinische Bademeisterin" oder "Masseur und medizinischer Bademeister",**
2. **"Physiotherapeutin" oder "Physiotherapeut" führen will, bedarf der Erlaubnis.**

Das Gesetz wurde aufgrund des Art. 74 Nr. 19 des Grundgesetzes erlassen. Der Bund macht damit von seiner konkurrierenden Zuständigkeit Gebrauch, Ausbildung, staatliche Prüfung und staatliche Anerkennung der Berufe in der Physiotherapie zu regeln.

Die Vorschrift betrifft die Berufserlaubnis für die zwei vom Gesetz erfaßten Berufe. Mit dem Erfordernis einer Erlaubnis wird die Führung der jeweiligen Berufsbezeichnung unter gesetzlichen Schutz gestellt. Die Berufsausübung als solche wird nicht der Erlaubnispflicht unterworfen. Der Gesetzgeber hat es - wie bei anderen Gesetzen über nichtärztliche Heilberufe, wie z.B. Beschäftigungs- und Arbeitstherapeuten, Logopäden, Orthoptisten zum Schutz der Bevölkerung für ausreichend gehalten, lediglich die Führung einer bestimmten Berufsbezeichnung von einer staatlichen Erlaubnis abhängig zu machen. Damit ist den Patienten dieser Berufsangehörigen die Gewähr gegeben, daß es sich bei den Trägern entsprechender Berufsbezeichnungen um ordnungsgemäß ausgebildete und von einem staatlichen Prüfungsausschuß geprüfte Personen handelt.

Nur mit der staatlichen Erlaubnis ist es zulässig, sich "Masseurin und medizinische Bademeisterin", "Masseur und medizinischer Bademeister", "Physiotherapeutin" oder "Physiotherapeut" zu nennen. Wer die Berufsbezeichnung führt, ohne eine entsprechende Erlaubnis zu besitzen, handelt ordnungswidrig und kann nach § 15 mit einer Geldbuße bestraft werden.

Nach bisherigem Recht erteilte Erlaubnisse gelten weiter (§ 16). Dies gilt insbesondere auch für die in der ehemaligen DDR erteilten staatlichen Erlaubnisse, die nach dem Einigungsvertrag gleichgestellt worden waren.

Zuständig für die Erteilung der Erlaubnisse nach dem MPhG sind die jeweils von den Ländern bestimmten Behörden (vgl. § 14). Die Erteilung der Erlaubnis bzw. ihre Versagung ist ein Verwaltungsakt, der nach den Verwaltungsverfahrensgesetzen der Länder auf dem Verwaltungsrechtsweg angefochten werden kann. Bundesgesetzliche Regelungen über Rücknahme und Widerruf der Erlaubnis erübrigen sich, weil die Verwaltungsverfahrensgesetze die betreffenden Tatbestände hinreichend regeln (siehe Erläuterungen zu § 2 Abs. 1).

Die Erlaubnis berechtigt zur Führung der Berufsbezeichnung im gesamten Bundesgebiet. Die Anerkennung der deutschen Ausbildung richtet sich, soweit nicht EU-Richtlinien (vgl. Einführung) die gegenseitige Anerkennung von Diplomen usw. regeln, nach den Vorschriften des jeweiligen Staates, in dem die Berufstätigkeit ausgeübt werden soll.

§ 2

(1) Die Erlaubnis nach § 1 ist auf Antrag zu erteilen, wenn der Antragsteller

1. **die vorgeschriebene Ausbildung abgeleistet und die staatliche Prüfung bestanden hat,**
2. **sich nicht eines Verhaltens schuldig gemacht hat, aus dem sich die Unzuverlässigkeit zur Ausübung des Berufs ergibt,**
3. **nicht in gesundheitlicher Hinsicht zur Ausübung des Berufs ungeeignet ist.**

(2) Eine außerhalb des Geltungsbereichs dieses Gesetzes erworbene abgeschlossene Ausbildung erfüllt die Voraussetzungen des Absatzes 1 Nr. 1, wenn die Gleichwertigkeit des Ausbildungsstandes gegeben ist. Ist die Gleichwertigkeit des Ausbildungsstandes nicht gegeben oder ist sie nur mit unangemessenem zeitlichen oder sachlichen Aufwand feststellbar, ist ein gleichwertiger Kenntnisstand nachzuweisen. Der Nachweis wird durch das Ablegen einer Prüfung erbracht, die sich auf den Inhalt des mündlichen und praktischen Teils der staatlichen Prüfung erstreckt. Bei Anträgen von Staatsangehörigen eines Vertragsstaates des Europäischen Wirtschaftsraumes, die eine Erlaubnis nach § 1 Nr. 1 oder 2 beantragen, kann die Gleichwertigkeit des Ausbildungsstandes im Sinne des Satzes 1 auch durch Vorlage

eines Diploms, Prüfungszeugnisses oder Befähigungsnachweises belegt werden, wenn die durch diesen Nachweis bescheinigte Ausbildung überwiegend in einem Vertragsstaat des Europäischen Wirtschaftsraumes oder an Ausbildungseinrichtungen eines Drittlandes, die eine Ausbildung gemäß den Rechts- und Verwaltungsvorschriften eines Mitgliedstaates vermitteln, erworben wurde oder wenn dessen Inhaber eine dreijährige Berufserfahrung hat, die von dem Mitgliedstaat bescheinigt wird, der einen Ausbildungsnachweis eines Drittlandes anerkannt hat.

3) Die Voraussetzung des Absatzes 1 Nr. 1 gilt als erfüllt, wenn der Antragsteller in einem anderen Vertragsstaat des Europäischen Wirtschaftsraumes eine Ausbildung abgeschlossen hat und dies durch Vorlage eines den Mindestanforderungen des Artikels 1 Buchstabe a der Richtlinie 89/48/EWG des Rates vom 21, Dezember 1988 über eine allgemeine Regelung zur Anerkennung der Hochschuldiplome, die eine mindestens dreijährige Berufsausbildung abschließen (ABl. EG Nr. L 19 S. 16) in der jeweils geltenden Fassung, oder des Artikels 1 Buchstabe a der Richtlinie 92/51/EWG des Rates vom 18. Juni 1992 über eine zweite allgemeine Regelung zur Anerkennung beruflicher Befähigungsnachweise in Ergänzung zur Richtlinie 89/48/EWG (ABl. EG Nr. L 209 S. 25) in der jeweils geltenden Fassung entsprechenden Diploms des betreffenden Vertragsstaates des Europäischen Wirtschaftsraumes nachweist, sofern die Ausbildung keine wesentlichen Unterschiede im Vergleich zu der nach diesem Gesetz geregelten Ausbildung hinsichtlich ihrer Dauer oder Inhalte aufweist. Antragsteller, deren Ausbildung wesentliche Unterschiede im Sinne des Satzes 1 aufweist, haben einen Anpassungslehrgang zu absolvieren oder eine Eignungsprüfung abzulegen, wenn nicht ihre nachgewiesene Berufserfahrung zum Ausgleich der festgestellten wesentlichen Unterschiede geeignet ist. Einem Diplom nach Satz 1 wird gleichgestellt ein Prüfungszeugnis, das dem Artikel 1 Buchstabe b der Richtlinie 92/51/EWG entspricht, wenn die Antragsteller nach Maßgabe des Artikels 5 Abs. 2 der genannten Richtlinie einen Anpassungslehrgang abgeschlossen oder eine Eignungsprüfung abgelegt haben. Antragsteller haben das Recht, zwischen dem Anpassungslehrgang und der Eignungsprüfung nach Satz 2 oder 3 zu wählen. Der Anpassungslehrgang darf die Dauer von drei Jahren nicht überschreiten.

(4) Für einen Antragsteller, der eine Erlaubnis nach § 1 Nr. 1 anstrebt, gilt die Voraussetzung des Absatzes 1 Nr. 1 als erfüllt, wenn er in

einem anderen Mitgliedstaat der Europäischen Gemeinschaft oder einem anderen Vertragsstaat des Abkommens über den Europäischen Wirtschaftsraum eine Ausbildung abgeschlossen hat und dies durch Vorlage eines den Mindestanforderungen des Artikels 1 Buchstabe b der Richtlinie 92/51/EWG entsprechenden Prüfungszeugnisses nachweist. Absatz 3 Satz 1 letzter Halbsatz, Satz 2, 4 und 5 gelten entsprechend.

(5) Die Absätze 2, 3 und 4 gelten entsprechend für Drittstaaten und Drittstaatsangehörige, soweit sich hinsichtlich der Diplomanerkennung nach dem Recht der Europäischen Gemeinschaften eine Gleichstellung ergibt.

Absatz 1:

Bei Erfüllung der hier genannten Voraussetzungen besteht ein Rechtsanspruch auf Erteilung der Erlaubnis, der im Wege der verwaltungsgerichtlichen Klage geltend gemacht werden kann. Die Erlaubnis muß versagt werden, wenn nicht sämtliche Voraussetzungen erfüllt sind. Der Antragsteller muß also die vorgeschriebene Ausbildung absolviert und die staatliche Prüfung bestanden haben sowie charakterlich körperlich, und geistig zur Ausübung des Berufs geeignet sein.

Der allgemein gefaßte Begriff "Verhalten" (Abs. 1 Nr. 2) erfährt durch die Umschreibung "aus dem sich die Unzuverlässigkeit zur Ausübung des Berufs ergibt" die notwendige Einschränkung dahin, daß nur ein Fehlverhalten berücksichtigt werden kann, das sich als relevant im Hinblick auf die Berufsausübung erweist. Ganz allgemein nach üblicher Anschauung oder aufgrund strafrechtlicher Maßstäbe fehlerhaftes Verhalten ist für sich allein kein Versagungsgrund im Sinne dieser Vorschrift. Die zuständige Behörde darf deshalb ihre Prüfungen und Entscheidungen nur auf solches Fehlverhalten erstrecken und stützen, das gerade im Bezug auf die Ausübung des Berufs von Bedeutung ist und den Antragsteller insoweit als unzuverlässig erscheinen läßt. Der Ermessensspielraum, der der Behörde eingeräumt ist, macht eine sorgfältige Ermittlung des Sachverhalts unter Berücksichtigung der sich aus der Eigenart des Berufs ergebenden besonderen Gesichtspunkte erforderlich. Dabei ist es zum Beispiel nicht notwendige Voraussetzung, daß aufgrund strafrechtlicher Verfehlung eine rechtskräftige Verurteilung erfolgte. Eine strafrechtliche Verfehlung, die aus irgendwelchen Gründen nicht zu einer Verurteilung führte, kann trotzdem als eine schwere sittliche Verfehlung anzusehen sein, die den Betreffenden für die Ausübung der besonders verantwortungsvollen Berufe in der Physiotherapie als unzuverlässig erscheinen lassen muß.

Auch bei der Beurteilung der gesundheitlichen Eignung (Abs. 1 Nr. 3) zur Ausübung des Berufs müssen im Hinblick auf die differenzierte und verantwortliche Tätigkeit strenge Anforderungen gestellt werden. "Gesundheitlich ungeeignet" kann zum Beispiel derjenige sein, der die in Betracht kommenden Tätigkeiten möglicherweise tatsächlich noch verrichten könnte, bei dem aber wegen eines Leidens oder einer Sucht diese Fähigkeit jederzeit in Frage gestellt werden kann.

Obwohl bei der Erweiterung auf den Bereich des Masseurs und medizinischen Bademeisters gewisse Einschränkungen gefordert wurden, hat sich der Gesetzgeber dem Votum des Bundesgesundheitsrates angeschlossen, Blinden und stark Sehbehinderten ohne Einschränkungen den Erwerb der Berufsbezeichnung "Masseur und medizinischer Bademeister" zu ermöglichen. Voraussetzung dafür ist, daß eine fachgerechte blindenspezifische Ausbildung sichergestellt ist. Grundsätzlich ist anzunehmen, daß wie bisher für Blinde und stark Sehbehinderte die Ausbildung an besonders dafür geeigneten und ausgestatteten Schulen erfolgen wird und daß blinde oder stark sehbehinderte Berufsangehörige auch in Zukunft solche Tätigkeiten nicht selbständig übernehmen werden, zu denen sie sich aufgrund ihrer Behinderung nicht in der Lage sehen. Diese Gesichtspunkte gelten auch für die Ausbildung Blinder oder stark Sehbehinderter zu Physiotherapeuten und für den in § 12 Abs. 1 vorgesehenen Durchstieg von Absolventen des Massage-Lehrgangs und von Masseuren und medizinischen Bademeistern in den Physiotherapeutenberuf.

Bei der Beurteilung der Frage, ob die Voraussetzungen der gesundheitlichen Eignung vorliegen, wird sich die Behörde auf eine ärztliche Untersuchung und ein entsprechendes medizinisches Gutachten stützen müssen. Der Bewerber kann allerdings nicht gezwungen werden, sich ärztlich untersuchen zu lassen. Andererseits kann die Behörde die Erteilung der Erlaubnis so lange zurückstellen, bis der Nachweis erbracht ist, daß die gesundheitliche Eignung zur Ausübung des Berufs gegeben ist.

Rücknahme und Widerruf der Erlaubnis sind in diesem Gesetz nicht geregelt. Sie richten sich nach den Verwaltungsverfahrensgesetzen der Länder. Danach gilt im wesentlichen folgendes:

Die Erlaubnis muß zurückgenommen werden, wenn bei ihrer Erteilung die staatliche Prüfung nicht bestanden oder (in den Fällen des Absatzes 2) die Ausbildung nicht abgeschlossen war. Die Erlaubnis ist zu widerrufen wenn nachträglich die Voraussetzung nach Absatz 1 Nr. 2 weggefallen ist. Die Erlaubnis kann widerrufen werden, wenn später eine der Voraussetzungen nach Absatz 1 Nr. 3 weggefallen ist.

In der Regel ist der Betroffene vor Rücknahme oder Widerruf der Erlaubnis zu hören. Die Form der Anhörung richtet sich nach dem Verwaltungsverfahrensrecht des jeweiligen Landes. Ist die Erlaubnis rechtskräftig zurückgenommen oder widerrufen worden, ist die Berechtigung zur Führung der Berufsbezeichnung entfallen und damit die Ausübung des Berufs praktisch nicht mehr möglich.

Absatz 2:

Hierdurch wird eine außerhalb Deutschlands erworbene Ausbildung unter den genannten Bedingungen einer Ausbildung nach dem Gesetz gleichgestellt. Der Absolvent einer solchen Ausbildung hat bei Vorliegen auch der übrigen Voraussetzungen (geistige und körperliche Eignung, Zuverlässigkeit zur Ausübung des Berufs) einen Rechtsanspruch auf Erteilung der Erlaubnis, soweit dieser Anspruch nicht bereits nach Absatz 3 oder 4 gegeben ist .

Die Ausbildung muß abgeschlossen sein. Eine abgeschlossene Ausbildung liegt in der Regel dann vor, wenn der Betreffende berechtigt ist, in dem Land, in dem er seine Ausbildung erworben hat, uneingeschränkt den Beruf auszuüben. Die Berufsbezeichnung ist dabei nur insofern von Bedeutung, als sich daraus die Vergleichbarkeit mit dem entsprechenden, durch das MPhG geregelten Beruf ableiten läßt. Eine nicht vollständig abgeschlossene Ausbildung kann unter Umständen nach § 6 Abs. 2 angerechnet werden.

Die Gleichwertigkeit des Ausbildungsstandes muß von der für die Erlaubniserteilung zuständigen Behörde als gegeben anerkannt werden.

Eine sorgfältige Prüfung der in einem Drittland erworbenen Ausbildung und ggf. die Einholung einer Stellungnahme der Zentralstelle für ausländisches Bildungswesen bei der Ständigen Konferenz der Kultusminister ist deshalb erforderlich, bevor die zuständige Behörde die Gleichwertigkeit des Ausbildungsstandes als gegeben anerkennen kann.

Auf die Staatsangehörigkeit des Antragstellers kommt es weder in den Fällen nach Absatz 2 noch in solchen der Absätze 3, 4 oder 5 an.

Absatz 3:

Durch Absatz 3 wird das am 2. Mai 1992 in Porto von der Europäischen Gemeinschaft, ihren Mitgliedstaaten und den EFTA-Staaten unterzeichnete Abkommen über den Europäischen Wirtschaftsraum (EWR-Abkommen) sowie die Richtlinie 89/48/EWG des Rates vom 21. Dezember 1988 über eine allgemeine Regelung zur Anerkennung der Hochschuldiplome, die eine mindestens dreijährige Berufsausbildung abschließen, und die Richtlinie 92/51 /EWG des Rates vom 18. Juni 1992 über eine zweite allgemeine Regelung zur Anerkennung beruflicher Befähigungsnachweise in Ergänzung zur Richtlinie 89/48/EWG in deutsches Recht umgesetzt. Damit ist gewährleistet, daß der Aufnahmebewerber, der eines der genannten Diplome nachweist, mindestens über eine dreijährige abgeschlossene fachschulische Ausbildung verfügt, die mindestens eine zehnjährige Schulbildung voraussetzt (unterster Diplomlevel nach Artikel 1 Buchstabe a zweiter Gedankenstrich Buchstabe ii - Anhang (- der Richtlinie 92/51 /EWG) und damit dem Anforderungsspektrum entspricht, das auch an deutsche Krankengymnasten und Physiotherapeuten gestellt wird. Ihm gleichgestellt ist der Bewerber, der nur ein Prüfungszeugnis besitzt, wenn er den Anpassungslehrgang ableistet oder wahlweise die Ergänzungsprüfung ablegt.

Während bei Vorlage eines Diploms nach der Hochschulrichtlinie oder nach der Ergänzungsrichtlinie bei Vorliegen der sonstigen Voraussetzungen nach Absatz 1 Nr. 2 und 3 die Erlaubnis ohne weitere Bedingungen zu erteilen ist, muß der Inhaber eines Prüfungszeugnisses nach Artikel 1 Buchstabe b der Ergänzungsrichtlinie entweder einen Anpassungslehrgang absolvieren oder eine Eignungsprüfung ablegen. Der Anpassungslehrgang darf sich höchstens auf drei Jahre erstrecken; Inhalt und Dauer sind von der zuständigen Behörde im Einzelfall entsprechend den Vorkenntnissen des Bewerbers festzulegen. Ebenso sind die Gegenstände einer Eignungsprüfung so auszuwählen, daß erkennbar wird, ob der Bewerber einen der deutschen Physiotherapeuten-Ausbildung entsprechenden Kenntnisstand aufweist und die erforderlichen Fertigkeiten besitzt.

Die Richtlinie 89/48/E WG ist im Amtsblatt der EG Nr. L 19 S. 16 vom 24.1.1989, die Richtlinie 92/51/EWG im Amtsblatt der EG Nr. L 209 S. 25 vom 24.7.1992 veröffentlicht.

Absatz 4:

Hiermit wird die nach Absatz 3 für Physiotherapeuten geltende EU-Regelung entsprechend für Masseure und medizinische Bademeister getroffen. Die Vorlage eines Prüfungszeugnisses nach Art. 1 Buchstabe b der Richtlinie 92/51/EWG genügt in diesem Fall, es wird also weder ein Anpassungslehrgang noch eine Ergänzungsprüfung verlangt.

Abschnitt 2
Ausbildung als Masseur
und medizinischer Bademeister

§ 3

Die Ausbildung soll entsprechend der Aufgabenstellung des Berufs insbesondere dazu befähigen, durch Anwenden geeigneter Verfahren der physikalischen Therapie in Prävention, kurativer Medizin, Rehabilitation und im Kurwesen Hilfen zur Heilung und Linderung, zur Wiederherstellung oder Verbesserung der Arbeits- und Erwerbsfähigkeit, zu gesundheitsförderndem Verhalten und zum Kurerfolg zu geben (Ausbildungsziel).

Die Vorschrift beschreibt das verbindliche Ziel für die Ausbildung in der Massage und damit Umfang und Ausmaß dessen, was die Träger der Ausbildung, also die Schulen und die Einrichtungen zur praktischen Ausbildung, dem Schüler vermitteln müssen. Dieser staatliche Ausbildungsauftrag besteht unabhängig vom einzelnen Ausbildungsverhältnis kraft Gesetzes. Eine inhaltliche Konkretisierung erfährt das Ausbildungsziel durch die nach § 13 Abs. 1 zu erlassende Ausbildungs- und Prüfungsverordnung.

Durch die Formulierung "soll .... insbesondere dazu befähigen," ist klargestellt, daß die Vorschrift nicht abschließend ist, sondern nur die wichtigsten Ausbildungsziele aufführt. Sie müssen durch die Vermittlung der jeweiligen Ausbildungsinhalte, die in der Ausbildungs- und Prüfungsverordnung im einzelnen festgelegt sind, verwirklicht werden.

In der Begründung des Regierungsentwurfs zu § 3 wird noch auf die Bedeutung der ärztlichen Verordnung für das Tätigwerden des Masseurs und medizinischen Bademeisters am Patienten im Rahmen der Heilmittelabgabe hingewiesen.

§ 4

(1) Die Ausbildung besteht aus einem Lehrgang, der theoretischen und praktischen Unterricht und eine praktische Ausbildung umfaßt, sowie aus einer praktischen Tätigkeit.

(2) Der Lehrgang wird in staatlich anerkannten Schulen durchgeführt. Er dauert zwei Jahre und schließt mit der staatlichen Prüfung ab.

(3) Die praktische Tätigkeit dauert sechs Monate und richtet sich nach § 7.

Die Ausbildung für Masseure und medizinische Bademeister beträgt. insgesamt zweieinhalb Jahre und gliedert sich - wie bisher - m einen schulischen Lehrgang und eine praktische Tätigkeit.

Der zweijährige Lehrgang besteht aus theoretischem und praktischem Unterricht und praktischer Ausbildung (Abs. 1). Er ist an Schulen durchzuführen, die als zur Ausbildung geeignet staatlich anerkannt sind (Abs. 2). Die Anforderungen an die Schulen legt das Gesetz nicht fest. Es ist Aufgabe der die Anerkennung aussprechenden Landesbehörde, zu prüfen, ob die Schule nach ihrer personellen, räumlichen und sachlichen Ausstattung geeignet ist, eine Ausbildung nach den Vorschriften der Ausbildungs- und Prüfungsverordnung zu vermitteln, mit der das in § 3 beschriebene Ausbildungsziel erreicht werden kann. Wegen der auf die Zulassung zum Beruf beschränkten Gesetzgebungskompetenz des Bundes nach Art. 74 Nr. 19 GG, aufgrund der Organisationsfreiheit der Schulen und im Hinblick auf die Kulturhoheit der Länder konnte das MPhG Organisation und Struktur der Schulen (und auch der Einrichtungen zur praktischen Tätigkeit nach § 7) nicht regeln. Es ist Sache der Länder, insoweit eigene Vorschriften zu erlassen.

Der Status der Schulen ergibt sich ebenfalls nicht aus dem Gesetz. Sie sind als Berufsfachschulen einzustufen, in denen eine Berufsausbildung erworben werden kann. Das Berufsbildungsgesetz (BBiG) findet keine Anwendung auf die Ausbildung der Masseure und medizinischen Bademeister (und auch nicht auf die Ausbildung der Physiotherapeuten), weil die Schulen für nichtärztliche Heilberufe dort ausdrücklich ausgenommen sind. Die Schulen für die im MPhG geregelten Berufe entsprechen den Schulen für vergleichbare Berufe, für die der Bund Zulassungsregelungen nach Art. 74 Nr. 19 GG getroffen hat (z.B. für Beschäftigungs- und Arbeitstherapeuten, Logopäden, Orthoptisten).

Hinsichtlich der Ausbildungsförderung für die Schüler in den Schulen für Masseure und medizinische Bademeister und für Physiotherapeuten gilt folgendes:

Erfolgt die Ausbildung in Ausbildungsstätten, die Schulen im Sinne des jeweiligen Landesrechts sind, richtet sich die Förderung nach dem Bundesausbildungsförderungsgesetz (BAföG) unmittelbar. Bei anderen Ausbildungsstätten kann Förderung nach der Verordnung über die Ausbildungsförderung für Medizinalfachberufe (Medizinalfachberufe V) vom 25. Mai 1995 (BGBl. I S. 768) geleistet werden.

Der theoretische und praktische Unterricht des Lehrgangs für Masseure und medizinische Bademeister ist so zu gestalten und zu organisieren, daß er die Schüler in die Lage versetzt, während der vorgeschriebenen sechs Monate praktischer Tätigkeit (§ 7) die in der vorangegangenen Ausbildung erworbenen Kenntnisse und Fertigkeiten zu vertiefen.

Der Lehrgang für Masseure und medizinische Bademeister schließt mit der staatlichen Prüfung ah. Im Unterschied zu den Ausbildungsgängen nach dem BBiG endet das Ausbildungsverhältnis nicht nach bestandener "Abschlußprüfung", auch nicht, wenn aus organisatorischen Gründen die staatliche Prüfung Wochen vor dem Ende der zwei Jahre stattfindet. Der Lehrgang muß in jedem Fall volle zwei Jahre umfassen. Die Schüler haben hierauf aufgrund der gesetzlichen Regelung und des mit ihnen abzuschließenden Ausbildungsvertrages einen Rechtsanspruch. Nach § 4 Abs. 1 Satz 2 MB-APrV soll der Prüfungsbeginn nicht früher als zwei Monate vor dem Ende der Ausbildung liegen.

§ 5

Voraussetzung für den Zugang zur Ausbildung nach § 4 ist

1. **die Vollendung des 16. Lebensjahres und die gesundheitliche Eignung zur Ausübung des Berufs und**
2. **der Hauptschulabschluß oder eine gleichwertige Schulbildung oder eine abgeschlossene Berufsausbildung von mindestens einjähriger Dauer.**

Die zuständige Behörde kann Ausnahmen von dem Erfordernis der Vollendung des 16. Lebensjahres nach Nummer 1 zulassen, wenn die Ausbildung in dem Jahr begonnen wird, in dem das 16. Lebensjahr vollendet wird und wenn die Durchführung des Lehrgangs und die Erreichung des Ausbildungsziels dadurch nicht gefährdet werden.

Wer sich um eine Ausbildung für den Beruf des Masseurs und medizinischen Bademeisters bewirbt, muß bestimmte Voraussetzungen erfüllen:

Zunächst wird die Vollendung des 16. Lebensjahres gefordert. Dieses Zugangsalter wird vom Gesetzgeber als ausreichend angesehen, weil in der Regel die Schüler zu diesem Zeitpunkt über die erforderlichen geistigen Voraussetzungen im Umgang mit den Patienten verfügen, die während der Ausbildung noch vervollkommnet werden müssen. Ein Verzicht auf ein Mindestalter wurde im Hinblick auf die Qualität der Ausbildung nicht für vertretbar gehalten. Um Härtefälle zu vermeiden, ist den zuständigen Behörden jedoch ein Ermessensspielraum eingeräumt worden, wenn dadurch die Ausbildung nicht gefährden wird (Satz 2).

Dann wird die gesundheitliche Eignung zur Ausübung des Berufs gefordert. Das heißt, es müssen bereits bei Beginn der Ausbildung die Anforderungen erfüllt sein, die eine spätere Erlaubniserteilung ermöglichen (vgl. § 2 Abs. 1 Nr. 3 des Gesetzes). Zur Aufnahme in die Schule ist deshalb ein ärztliches Zeugnis über die gesundheitliche Eignung zur Ausübung des Berufs einer Masseurin und medizinischen Bademeisterin bzw. eines Masseurs und medizinischen Bademeisters vorzulegen. Sofern von den Ländern für die betreffenden Schulen nichts anderes geregelt wird, genügt das Zeugnis eines beliebigen Arztes. Die Schule kann zwar kein amtsärztliches Zeugnis verlangen, könnte jedoch auf einen von ihr bestimmten Arzt verweisen.

Wegen der Zulassung von Blinden und stark Sehbehinderten zu den durch das MPhG geregelten Berufen siehe Erläuterungen zu § 2 Abs. 1.

Als schulische Zugangsvoraussetzung wird wie bisher mindestens eine Hauptschul- oder gleichwertige Schulbildung bzw. eine abgeschlossene Berufsausbildung von mindestens einjähriger Dauer verlangt. Auch ohne Hauptschul- oder gleichwertigen Schulabschluß ist also ein Zugang zum Beruf des Masseurs und medizinischen Bademeisters möglich. Die Art der Berufsausbildung ist nicht vorgeschrieben, so daß jede beliebige Ausbildung ausreicht, wenn sie erfolgreich abgeschlossen wurde (Abschlußprüfung) und wenigstens ein Jahr gedauert hat.

Die bei der Erteilung der Erlaubnis nach § 1 nachzuweisende charakterliche Zuverlässigkeit wird bei Beginn der Ausbildung nicht gefordert. Damit soll den Betroffenen nicht bereits der Zugang zur Berufsausbildung verschlossen werden. Der Gesetzgeber ist der Meinung, daß es ausreicht, wenn die charakterliche Eignung erst im Rahmen der Erlaubniserteilung festgestellt wird. Den Ländern bleibt es überlassen, bei Bedarf entsprechende eigene Regelungen zu treffen.

Über die Zulassung zur Ausbildung entscheidet die Leitung der Schule. Ihre Entscheidung kann höchstens dann auf dem Rechtsweg angefochten werden, wenn die Ablehnung der Zulassung fälschlicherweise damit begründet wird, daß eine der gesetzlichen Voraussetzungen nicht gegeben ist.

§ 6

(1) Auf die Dauer des Lehrgangs werden angerechnet

1. Ferien,
2. Unterbrechungen durch Schwangerschaft, Krankheit oder aus anderen, von der Schülerin oder vom Schüler nicht zu vertretenden Gründen bis zur Gesamtdauer von acht Wochen, bei verkürztem Lehrgang nach Absatz 2 bis zu höchstens drei Wochen.

Auf Antrag können auch darüber hinausgehende Fehlzeiten berücksichtigt werden, soweit eine besondere Härte vorliegt und das Ausbildungsziel durch die Anrechnung nicht gefährdet wird.

(2) Auf Antrag kann eine andere Ausbildung im Umfang ihrer Gleichwertigkeit auf die Dauer des Lehrgangs angerechnet werden, wenn die Durchführung des Lehrgangs und die Erreichung des Ausbildungsziels dadurch nicht gefährdet werden.

Absatz 1:

Hier wird die Anrechnung von Zeiten geregelt, an denen der Schüler aus Gründen, die er nicht zu vertreten hat, an den Ausbildungsveranstaltungen während des Lehrgangs nicht teilnehmen kann. Solche Zeiten werden auf die Dauer der Ausbildung angerechnet, das heißt sie brauchen nicht nachgeholt zu werden.

Eine Höchstdauer der anrechenbaren Ferien wurde nicht festgelegt. Somit können sich die Ferien sowohl nach den allgemeinen Schulferien des jeweiligen Landes, als auch nach gesondert getroffener landsrechtlicher Regelung richten, je nachdem, welche Entscheidung die zuständige Landesbehörde für die Schulen für Masseure und med. Bademeister ihres Bereichs trifft.

Begrenzt anrechenbar sind Unterbrechungen durch Schwangerschaft und Krankheit. Wird die Gesamtdauer von acht Wochen überschritten, so muß die darüber hinausgehende Zeit nachgeholt werden. Das erschien zumutbar und ist notwendig, um eine qualifizierte Ausbildung zu gewährleisten. Die Prüfung muß im Falle der Nachholung von nicht anrechenbaren Unterbrechungszeiten bei einem späteren Termin abgelegt werden.

Unterbrechung durch Krankheit wird durch ein ärztliches Attest nachzuweisen sein, aus dem hervorgehen muß, daß die Teilnahme an Ausbildungsveranstaltungen aus Krankheitsgründen nicht möglich ist. Bei Schwangerschaft ist auch die Zeit nach der Niederkunft im Rahmen der Achtwochenfrist anrechenbar. Reicht diese Frist im Einzelfall nicht aus; weil z.B. noch Zeiten einer Krankheit während der Ausbildung hinzukommen, muß geprüft werden, ob die Schülerin nach der Härtefallregelung des Satzes 2 dennoch zur Prüfung zugelassen werden kann.

Unterbrechungen aus Gründen, die weder krankheitsbedingt noch durch eine Schwangerschaft entstanden sind, werden auf die Dauer der Ausbildung angerechnet, wenn sie vom Schüler nicht zu vertreten sind. Sie dürfen aber zusammen mit Fehlzeiten infolge Schwangerschaft oder Krankheit die Gesamtdauer von acht Wochen nicht übersteigen. Solche anderen Gründe können beispielsweise sein: Vorladungen zu Behörden oder Gerichten, Wohnungswechsel, schwere Erkrankung oder Tod eines nahen Angehörigen u.ä..

Um Härten zu vermeiden, sollen auch über die festgelegten Zeiten hinausgehende Unterbrechungen angerechnet werden können, wenn unter Abwägung aller Umstände des Einzelfalls eine Anrechnung gerechtfertigt erscheint und das Ausbildungsziel nicht gefährdet wird. Ein Härtefall liegt vor, wenn sonstige vom Schüler nicht zu vertretende Umstände ihn hindern, an Ausbildungsveranstaltungen teilzunehmen. Es muß sich zudem um einen "besonderen" Härtefall handeln. Diese Formulierung kann nur bedeuten, daß an die Entscheidung ein strenger Maßstab anzulegen ist. Die Anrechnung erfolgt nur auf Antrag des Schülers bei der zuständigen Behörde.

Die Anrechnung von Ferien und der in Satz 1 genannten Unterbrechungen erfolgt von Amts wegen im Zusammenhang mit der Zulassung zur Prüfung. Die Schule stellt nach Abschluß der Ausbildung eine Bescheinigung aus, die auch angibt, ob die Ausbildung über die zulässigen Fehlzeiten hinaus unterbrochen worden ist (siehe Anlage 4 zur MB-APrV). Zuständig für die Anrechnung von Unterbrechungen nach Satz 2 ist die Landesbehörde, in deren Bereich der Antragsteller die staatliche Prüfung ablegen will. Welche Behörde fachlich zuständig ist, richtet sich nach dem Verwaltungsverfahrensrecht des Landes oder nach gesonderter landesrechtlicher Zuständigkeitsregelung.

Absatz 2:

Es kann nur eine Ausbildung angerechnet werden, nicht eine bloße Tätigkeit als Masseur/med. Bademeister oder in einem ähnlichen Beruf.

Wo die Ausbildung erworben wurde, ist unerheblich. Es kann sich um Ausbildungen handeln, die in Deutschland (einschließlich der ehemaligen DDR) oder im Ausland erworben wurden. Anrechenbar ist eine andere Ausbildung nur im Umfang ihrer Gleichwertigkeit. Die für die Anrechnung zuständige Behörde (vgl. § 14 Abs. 2 des Gesetzes) muß prüfen, ob und in welchem Umfang die nachgewiesene andere Ausbildung geeignet ist, dieselben Fähigkeiten und Fertigkeiten zu vermitteln, die als Ausbildungsziel in § 3 festgelegt sind. Soweit dies nicht der Fall ist, muß die Ausbildung durch Teilnahme an einem Lehrgang nach diesem Gesetz ergänzt werden. Dabei muß darauf geachtet werden, daß die Durchführung der weiteren Ausbildung ohne Schwierigkeiten möglich und die Erreichung des Ausbildungsziels sichergestellt ist.

Im übrigen handelt es sich um eine Kann-Vorschrift. Das heißt, es besteht grundsätzlich kein Rechtsanspruch auf eine Anrechnung. Die zuständige Behörde hat jedoch nach pflichtgemäßem Ermessen zu entscheiden. Sie muß dieses Ermessen entsprechend dem Zweck der Ermächtigung ausüben und darf keine Ermessensfehler begehen. Ermessensfehler können zum Beispiel darin bestehen, daß sich die Behörde von unsachlichen oder zweckwidrigen Erwägungen leiten läßt, z.B. durch Verstoß gegen den Gleichheitsgrundsatz oder gegen das Übermaßverbot. Ein Ermessensfehler hat die Rechtswidrigkeit der getroffenen Entscheidung zur Folge (§ 114 Verwaltungsgerichtsordnung).

Eine spezielle Anrechungsmöglichkeit für Physiotherapeuten, die den Beruf des Masseurs und medizinischen Bademeisters ergänzend erwerben möchten, ist nicht geregelt. Wegen der "erfahrungsgemäßen Seltenheit der Fälle" hat der Gesetzgeber auf eine entsprechende Regelung verzichtet. In einem solchen Fall muß deshalb die zuständige Behörde nach der allgemeinen Anrechnungsformel des Absatzes 2 verfahren.

§ 7

(1) Die praktische Tätigkeit ist nach bestandener staatlicher Prüfung in zur Annahme von Praktikanten ermächtigten Krankenhäusern oder anderen geeigneten medizinischen Einrichtungen unter Aufsicht eines Masseurs und medizinischen Bademeisters und, soweit ein sol-

cher nicht zur Verfügung steht, eines Krankengymnasten oder Physiotherapeuten, abzuleisten.

(2) Die Ermächtigung zur Annahme von Praktikanten nach Absatz 1 setzt voraus, (laß die Krankenhäuser oder vergleichbaren Einrichtungen über

a) Patienten in der zur Erreichung des Ausbildungsziels (§ 3) erforderlichen Zahl und Art,
b) eine ausreichende Anzahl Masseure und medizinische Bademeister und, soweit ein solcher nicht zur Verfügung steht, eines Krankengymnasten oder Physiotherapeuten sowie die notwendigen Räumlichkeiten und Einrichtungen und
c) eine der medizinischen Entwicklung entsprechende apparative Ausstattung

verfügen.

(3) Wird die praktische Tätigkeit länger als vier Wochen unterbrochen, ist die darüber hinausgehende Zeit nachzuholen. Dies gilt entsprechend, wenn eine nach Absatz 4 verkürzte praktische Tätigkeit länger als zwei Wochen unterbrochen wird.

(4) Auf Antrag kann eine außerhalb des Geltungsbereichs dieses Gesetzes abgeleistete praktische Tätigkeit in der Massage im Umfang ihrer Gleichwertigkeit ganz oder teilweise auf die praktische Tätigkeit nach Absatz 1 angerechnet werden.

Absatz 1:

Die nach § 4 Abs. 3 vorgeschriebene praktische Tätigkeit von sechs Monaten ist in Krankenhäusern oder anderen medizinischen Einrichtungen, wie z.B. Rehabilitationskliniken abzuleisten, die entsprechend zur Annahme von Praktikanten ermächtigt sein müssen. Aus ausbildungsspezifischen Gründen ist grundsätzlich die Aufsicht durch einen Masseur und medizinischen Bademeister, d.h. durch den Inhaber einer Erlaubnis nach § 1 Nr. 1 des Gesetzes, vorgeschrieben. Die Ausnahmeregelung trägt der Situation in den neuen Bundesländern so lange Rechnung, bis genügend Masseure und medizinische Bademeister für diese Aufgabe zur Verfügung stehen. Der Einsatz eines Krankengymnasten oder Physiotherapeuten als Aufsicht bei der praktischen Tätigkeit ist daher nur in dem konkret genannten Ausnahmefall (Masseur und medizinischer Bademeister steht nicht zur Verfügung) möglich.

Absatz 2:

Hier werden die Mindeststandards festgelegt, die die zur Annahme von Praktikanten ermächtigten Einrichtungen erfüllen müssen, damit die Qualität der Ausbildung auch während der praktischen Tätigkeit gewährleistet ist. Es ist Aufgabe der die Ermächtigung aussprechenden Landesbehörde, die Einhaltung dieser Standards zu überwachen.

Absatz 3:

Unabhängig davon, aus welchem Grund die Unterbrechung erfolgt, darf während der praktischen Tätigkeit keine Fehlzeit von mehr als vier Wochen entstehen. Bei längerer Unterbrechung muß die praktische Tätigkeit im Interesse der Qualität der Ausbildung verlängert werden. Ist nur ein nach Absatz 4 verkürztes Praktikum abzuleisten, darf nur uni zwei Wochen unterbrochen werden.

Absatz 4:

Durch diese Vorschrift wird ausdrücklich die Möglichkeit eingeräumt, ein Praktikum auch im Ausland zu absolvieren. Voraussetzung für die Anerkennung einer solchen praktischen Tätigkeit ist, daß sie unter den gleichen ausbildungsspezifischen Bedingungen wie in Deutschland abgeleistet worden ist, das heißt unter Aufsicht von Masseuren und medizinischen Bademeistern bzw. vergleichbaren Berufsangehörigen und in Einrichtungen, die die Mindeststandards nach Absatz 2 erfüllen. Die für die Anrechnung zuständige Behörde muß die Gleichwertigkeit der abgeleisteten praktischen Tätigkeit anhand dieser Kriterien prüfen. Sie kann bei entsprechenden Voraussetzungen ein Auslandspraktikum auch in vollem Umfang anrechnen.

Abschnitt 3
Ausbildung als Physiotherapeut

§ 8

Die Ausbildung soll entsprechend der Aufgabenstellung des Berufs insbesondere dazu befähigen, durch Anwenden geeigneter Verfahren der Physiotherapie in Prävention, kurativer Medizin, Rehabilitation und im Kurwesen Hilfen zur Entwicklung, zum Erhalt oder zur Wiederherstellung aller Funktionen im somatischen und psychischen Bereich zu geben und bei nicht rückbildungsfähigen Körperbehinderungen Ersatzfunktionen zu schulen (Ausbildungsziel).

Die Vorschrift beschreibt die wichtigsten Ausbildungsziele in der Ausbildung für die Physiotherapeuten, wodurch gleichzeitig die Umrisse des maßgeblichen Ausbildungsprofils sowie der späteren Berufstätigkeit vermittelt werden. Vergleiche im übrigen Erläuterungen zu § 3.

§ 9

Die Ausbildung dauert drei Jahre und besteht aus theoretischem und praktischem Unterricht und einer praktischen Ausbildung. Sie wird durch staatlich anerkannte Schulen vermittelt und schließt mit der staatlichen Prüfung ab. Schulen, die nicht an einem Krankenhaus eingerichtet sind, haben die praktische Ausbildung im Rahmen einer Regelung mit Krankenhäusern oder anderen geeigneten medizinischen Einrichtungen sicherzustellen.

Wie früher die Ausbildung zum Krankengymnasten dauert auch die des Physiotherapeuten drei Jahre. Die bisherige praktische Tätigkeit, die sich an den mit der staatlichen Prüfung abgeschlossenen zweijährigen Lehrgang für Krankengymnasten anschloß und ein Jahr dauerte, ist nun in einen einheitlichen Lehrgang integriert, der sowohl die theoretische und praktische Unterrichtung als auch die praktische Ausbildung umfaßt. Diese Strukturierung der Ausbildung wird den besonderen Anforderungen an die Ausbildung der Physiotherapeuten besser gerecht (siehe Einführung).

Soweit Schulen nicht in der Lage sind, die vorgeschriebene praktische Ausbildung selbst zu vermitteln, fordert das Gesetz, daß dieser Teil der Ausbildung in verschiedenen, z.B. chirurgischen, orthopädischen, medizinischen Kliniken, als klinische Ausbildung oder in anderen geeigneten Einrichtungen, wie z.B. Rehabilitationskliniken, mit Patienten unter

Aufsicht und Verantwortung der Schule durchzuführen ist. Davon betroffen sind Schulen, die nicht an Krankenhäusern eingerichtet sind. Diese Schulen müssen mit einem oder mehreren Krankenhäusern bzw. mit anderen geeigneten Einrichtungen entsprechende vertragliche Vereinbarungen treffen. Von besonderer Bedeutung ist hierbei, daß der gesetzliche Auftrag, die praktische Ausbildung auf diese Weise sicherzustellen, bedeutet, daß die Schule die Verantwortung auch für diesen Teil der Ausbildung, der außerhalb ihres unmittelbaren Einflußbereichs stattfindet, voll übernehmen muß. Die vertragliche Vereinbarung zwischen Schule und Krankenhaus bzw. Einrichtung muß deshalb insoweit klare Regelungen treffen.

Nach der Ausbildungs- und Prüfungsverordnung für Physiotherapeuten ist die praktische Ausbildung in Krankenhäusern oder anderen geeigneten medizinischen Einrichtungen in den medizinischen Fachgebieten Chirurgie, Innere Medizin, Orthopädie, Neurologie, Pädiatrie, Psychiatrie und Gynäkologie durchzuführen (siehe Anlagen 1 und 2 zu § 1 PhysTh-APrV). Grundsätzlich kann daher die praktische Ausbildung nur in Krankenhäusern abgeleistet werden. Andere medizinische Einrichtungen können nur dann zur praktischen Ausbildung herangezogen werden, wenn sie den jeweiligen Fachgebieten in den Krankenhäusern vergleichbar sind, wenn in ihnen also im wesentlichen vergleichbare Patienten wie in den Krankenhäusern behandelt werden. Physiotherapeutische (krankengymnastische) Privatpraxen dürften in der Regel nicht als geeignete medizinische Einrichtungen im Sinne der Ausbildungs- und Prüfungsverordnung in Frage kommen. Die zuständige Behörde muß im Einzelfall prüfen, ob eine andere Einrichtung in diesem Sinne geeignet ist.

Auf die - befristete - Ausnahmeregelung in § 17 des MPhG wird hingewiesen (vgl. Erläuterungen dort).

Hinsichtlich der Ausbildungsbildungsförderung für die Schüler in den Schulen für Physiotherapeuten gilt ebenfalls die in der Erläuterung zu § 4 genannte Verordnung.

Auf die Ausführungen bei § 4 zum "Abschluß der Ausbildung" wird hingewiesen.

§ 10

Voraussetzung für den Zugang zur Ausbildung nach § 9 ist

1. **die Vollendung des 17. Lebensjahres und die gesundheitliche Eignung zur Ausübung des Berufs und**
2. **der Realschulabschluß oder eine gleichwertige Ausbildung oder eine andere abgeschlossene zehnjährige Schulbildung, die den Hauptschulabschluß erweitert, oder eine nach Hauptschulabschluß oder einem gleichwertigen Abschluß abgeschlossene Berufsausbildung von mindestens zweijähriger Dauer.**

Die zuständige Behörde kann Ausnahmen von dem Erfordernis der Vollendung des 17. Lebensjahres nach Nummer 1 zulassen, wenn die Ausbildung in dem Jahr begonnen wird, in dem das 17. Lebensjahr vollendet wird und wenn die Durchführung des Lehrgangs und die Erreichung des Ausbildungsziels dadurch nicht gefährdet werden.

Wegen der besonderen Anforderungen des Berufs des Physiotherapeuten, wie etwa hinsichtlich der für den Umgang mit Patienten erforderlichen geistigen und sittlichen Reife, hat der Gesetzgeber ein Mindestzugangsalter von 17 Jahren für die Ausbildung gefordert.
Die im Vergleich zum Masseur und medizinischen Bademeister höheren Anforderungen an die schulischen Zugangsvoraussetzungen liegen in den hohen Ausbildungsanforderungen bei den Physiotherapeuten begründet, die sieh auch auf ein umfangreiches Wissen in der Medizin erstrecken.
Siehe im übrigen Erläuterungen zu § 5 MPhG.

§ 11

Auf die Dauer einer Ausbildung nach § 9 werden angerechnet

1. **Ferien,**
2. **Unterbrechungen durch Schwangerschaft, Krankheit oder aus anderen, von der Schülerin oder vom Schüler nicht zu vertretenden Gründen bis zur Gesamtdauer von zwölf Wochen, bei verkürzter Ausbildung nach § 12 bis zu höchstens vier Wochen je Ausbildungsjahr.**

§ 6 Abs. 1 Satz 2 gilt entsprechend.

Hier werden die üblichen Regelungen über die Anrechnung von Unterbrechungen der Ausbildung getroffen. Auf die Erläuterungen zu § 6 Abs. 1 MPhG wird verwiesen.

§ 12

(1) Bei Personen, die die staatliche Prüfung nach § 4 Abs. 2 bestanden haben, wird auf Antrag die Ausbildung nach § 9 Satz 1 auf 18 Monate oder bei Ausbildung in Teilzeitform auf 2.100 Stunden verkürzt. Satz 1 gilt für Personen, die die in § 1 Nr. 1 genannte Berufsbezeichnung führen dürfen, entsprechend. Bei Personen nach Satz 2 mit einer mindestens fünfjährigen Tätigkeit in diesem Beruf wird auf Antrag der Lehrgang nach § 9 Satz 1 auf zwölf Monate oder bei Ausbildung in Teilzeitform auf 1.400 Stunden verkürzt. Auf den verkürzten Lehrgang nach Satz 3 können auf Antrag Fort- oder Weiterbildungen im Umfang ihrer Gleichwertigkeit uni höchstens drei Monate oder 350 Stunden angerechnet werden, wenn die Durchführung der Ausbildung und die Erreichung des Ausbildungsziels dadurch nicht gefährdet werden. Bei einer verkürzten Ausbildung nach den Sätzen 1 bis 4 kann der theoretische Unterricht auch in Form von Fernunterricht erteilt werden. Die verkürzte Ausbildung schließt mit einer staatlichen Ergänzungsprüfung ab. Diese erstreckt sich auf die in dem Lehrgang vermittelten Kenntnisse und Fertigkeiten. Das Nähere regelt die Ausbildungs- und Prüfungsverordnung nach § 13 Abs. 2. Diese soll die Möglichkeit eröffnen, die Prüfung in Teilabschnitten abzulegen, beginnend mit der Prüfung der im Unterricht erworbenen Kenntnisse.

(2) Auf die Ausbildung nach § 9 sind auf Antrag mit sechs Monaten anzurechnen:

1. **eine an einer staatlich anerkannten Lehranstalt abgeschlossene, mindestens zweijährige Ausbildung als Turn- und Sportlehrer,**
2. **eine an einer staatlich anerkannten Lehranstalt abgeschlossene, mindestens zweijährige Ausbildung als Gymnastiklehrer.**

(3) Auf Antrag kann eine andere Ausbildung im Umfang ihrer Gleichwertigkeit auf die Dauer einer Ausbildung nach § 9 angerechnet werden, wenn die Durchführung der Ausbildung und die Erreichung des Ausbildungsziels dadurch nicht gefährdet werden.

Absatz 1:

Das Gesetz, regelt unterschiedliche Verkürzungsmöglichkeiten für Absolventen des zweijährigen Massagelehrgangs und für Masseure und medizinische Bademeister (mit abgeschlossener Ausbildung), die auch eine Ausbildung für den Beruf des Physiotherapeuten anstreben.

Zunächst verschafft Satz 1 den Lehrgangsabsolventen in der Massage auf Antrag einen Verkürzungsanspruch auf die Hälfte der regulären Ausbildungsdauer. Außerdem kann diese eineinhalbjährige ergänzende Ausbildung sowohl in Vollzeit- als auch in Teilzeitausbildung an staatlich anerkannten Krankengymnasten- bzw. Physiotherapeutenschulen abgeleistet werden. Sie muß in Teilzeitform mindestens 2100 Stunden umfassen.

Diese Regelung gilt auch für Masseure und medizinische Bademeister, die eine entsprechende Berufserlaubnis besitzen. Wenn diese Berufsangehörigen eine mindestens fünfjährige Tätigkeit in diesem Beruf nachweisen, kann sich die Ausbildung zum Physiotherapeuten weiter auf zwölf Monate (Vollzeitform) oder 1400 Stunden (Teilzeitform) verkürzen. Den langjährig (mindestens fünf Jahre) im Beruf tätigen Masseuren und medizinischen Bademeistern werden abgeleistete Fort- und Weiterbildungsmaßnahmen bis zu einer Dauer von höchstens drei Monaten bzw. 350 Stunden angerechnet. Voraussetzung dafür ist, daß die Durchführung der Ausbildung und die Erreichung des Ausbildungsziels dadurch nicht gefährdet werden. Die sich nach den Verkürzungsmöglichkeiten ergebende Mindestlehrgangsdauer von neun Monaten bzw. 1050 Stunden darf keinesfalls unterschritten werden, Am Ende des verkürzten Lehrgangs steht eine staatliche Ergänzungsprüfung, die sich auf die im Lehrgang vermittelten Kenntnisse und Fertigkeiten erstreckt und für die die Ausbildungs- und Prüfungsverordnung für Physiotherapeuten das Nähere regelt. Danach kann diese Prüfung auch in Teilabschnitten abgelegt werden (siehe §§ 15 - 17 PhysTh-APrV)

Auch die verkürzte Ausbildung umfaßt theoretischen und praktischen Unterricht und eine praktische Ausbildung Dabei ist die Vermittlung des theoretischen Unterrichts auch im Rahmen von Fernlehrgängen zulässig (siehe auch § 1 Abs. 2 PhysTh-APrV), wobei es Sache der Physiotherapeutenschulen ist, den Fernunterricht zu organisieren und in ihren Ausbildungsprogrammen anzubieten.

Die verkürzten Lehrgänge dürfen im übrigen ebenfalls nur unter Aufsicht und Verantwortung von Schulen durchgeführt werden, die zur Ausbildung von Physiotherapeuten nach dem MPhG staatlich anerkannt sind. Auch wenn es sich nur um "Ergänzungslehrgänge" handelt, folgt aus Sinn und Zweck des MPhG, eine qualifizierte Ausbildung sicherzustellen, daß jedwede Ausbildung in der Physiotherapie, die mit einer staatlichen Prüfung abschließt und den Zugang zum Beruf mit staatlicher Anerkennung ermöglicht, nur durch solche Schulen vermittelt werden darf, denen eine staatliche Berechtigung zur Ausbildung von Physiotherapeuten erteilt worden ist.

Hinsichtlich der Einrichtungen, in denen die vorgeschriebene praktische Ausbildung abzuleisten ist, wird auf die Erläuterungen zu § 9 verwiesen.

Absatz 2:

Wie bisher schon nach § 8 Abs. 2 Nr. 1 und 2 des Masseur- und Krankengymnastengesetzes wird den Turn- und Sportlehrern und den Gymnastiklehrern die Ausbildung zum Physiotherapeuten auf Antrag um ein halbes Jahr gekürzt. Die Anrechnung von sechs Monaten auf die Ausbildung erfolgt kraft Gesetzes, es bedarf keiner Prüfung der Gleichwertigkeit, wenn die Ausbildung an einer staatlich anerkannten Lehranstalt erfolgte und mindestens zwei Jahre umfaßte.

Absatz 3:

Auf die Erläuterungen zu § 6 Abs. 2 MPhG wird verwiesen.

Unter die Anrechnungsklausel fällt auch die Ausbildung zum "Masseur", sofern nicht von der Übergangsregelung des § 16 Abs. 3 Satz 2 in Verbindung mit der Durchstiegsregelung des Absatzes 1 Gebrauch gemacht wird.

Abschnitt 4
Ausbildungs- und Prüfungsverordnungen

§ 13

(1) Das Bundesministerium für Gesundheit wird ermächtigt, im Benehmen mit dem Bundesministerium für Bildung und Wissenschaft durch Rechtsverordnung mit Zustimmung des Bundesrates in einer Ausbildungs- und Prüfungsverordnung nach Maßgabe des § 3 die Mindestanforderungen an den Lehrgang nach § 4 Abs. 1, (las Nähere über die staatliche Prüfung für Masseure und medizinische Bademeister, über die praktische Tätigkeit nach § 7 sowie über die Urkunden für die Erlaubnis nach § 1 Nr. 1 zu regeln.

(2) Das Bundesministerium für Gesundheit wird ferner ermächtigt, im Benehmen mit dem Bundesministerium für Bildung und Wissenschaft durch Rechtsverordnung mit Zustimmung des Bundesrates in einer Ausbildungs- und Prüfungsverordnung nach Maßgabe des § 8 die Mindestanforderungen an die Ausbildung für Physiotherapeuten nach den §§ 9 und 12 Abs. 1, das Nähere über die staatliche Prüfung sowie über die Urkunden für die Erlaubnis nach § 1 Nr. 2 zu regeln.

(3) In der Rechtsverordnung nach den Absätzen 1 und 2 ist für Diplominhaber oder Inhaber eines Prüfungszeugnisses, die eine Erlaubnis nach § 2 Abs. 1 Nr. 1 in Verbindung mit § 2 Abs. 3 Satz 1 oder 2 oder Abs. 4 beantragen, zu regeln:

1. **das Verfahren bei der Prüfung der Voraussetzungen des § 2 Abs. 1 Nr. 2 und 3, insbesondere die Vorlage der vom Antragsteller vorzulegenden Nachweise und die Ermittlung durch die zuständige Behörde entsprechend Artikel 6 der Richtlinie 89/48/EWG oder den Artikeln 10 und 12 Abs. 1 der Richtlinie 92/51/EWG,**
2. **das Recht von Diplominhabern, nach Maßgabe des Artikels 11 Abs. 2 der Richtlinie 92/51/EWG zusätzlich zu einer Berufsbezeichnung nach § 1 die im Heimat- oder Herkunftsmitgliedstaat bestehende Ausbildungsbezeichnung und, soweit nach dem Recht des Heimat- oder Herkunftsmitgliedstaates zulässig, deren Abkürzung in der Sprache dieses Staates zu führen,**
3. **die Frist für die Erteilung der Erlaubnis entsprechend Artikel 8 Abs. 2 der Richtlinie 89/48/EWG oder Artikel 12 Abs. 2 der Richtlinie 92/51 EWG.**

Absatz 1 und 2:

Hier wird dem Bundesministerium für Gesundheit die Ermächtigung - und zugleich die Verpflichtung - erteilt, unter Beachtung der in §§ 3 und 8 für den jeweiligen Beruf festgelegten Ausbildungsziele die näheren Regelungen für Ausbildung, staatliche Prüfung und Berufserlaubnis zu treffen. Auf dieser Ermächtigungsgrundlage sind die unter III b abgedruckten und erläuterten Ausbildungs- und Prüfungsverordnungen erlassen worden.

Absatz 3:

Die Richtlinien über eine allgemeine Regelung zur Anerkennung der Hochschuldiplome (89/48/EWG) und über eine zweite allgemeine Regelung zur Anerkennung beruflicher Befähigungsnachweise in Ergänzung zur Hochschuldiplom-Richtlinie (92/51/EWG) schreiben bestimmte Verfahren bei der Prüfung der Voraussetzungen für den Zugang zum Beruf vor, verpflichten die Mitgliedstaaten der Europäischen Union dazu, Diplominhabern zusätzlich zur geschützten Berufsbezeichnung im Aufnahmestaat die Führung der im Heimat- oder Herkunftsmitgliedstaat bestehenden Ausbildungsbezeichnungen und ggf. deren Abkürzung in der Sprache dieses Landes zu gestatten und legen Fristen fest, innerhalb derer über den Antrag eines Diplominhabers auf Erteilung der erforderlichen Berufserlaubnis zu entscheiden ist. Diese Regelungen der genannten Richtlinien werden in den nach Absatz 1 und 2 erlassenen Ausbildungs- und Prüfungsverordnungen in deutsches Recht umgesetzt (§ 16 MB-APrV, § 21 PhysTh-APrV).

Abschnitt 5
Zuständigkeiten

§ 14

(1) Die Entscheidungen nach § 2 Abs. 1 und § 7 Abs. 4 trifft die zuständige Behörde des Landes, in dem der Antragsteller die staatliche Prüfung bestanden hat.

(2) Die Entscheidung nach § 6 Abs. 2 oder nach § 12 trifft die zuständige Behörde des Landes, in dem der Antragsteller an einem Lehrgang nach § 4 Abs. 1 oder an einer Ausbildung nach § 9 teilnehmen will oder teilnimmt.

Nach Art. 83 GG führen die Länder die Bundesgesetze, die nach Art. 74 Nr. 19 GG erlassen worden sind, als eigene Angelegenheit durch. Das bedeutet, daß die Länder nicht nur über die Zweckmäßigkeit der Anwendung, sondern auch über die Rechtmäßigkeit der Anwendung im Einzelfall eigenständig entscheiden. Der Bund besitzt weder die Fach- noch die Rechtsaufsicht über die Ausführung der Bundesgesetze durch die Länder.

Die Bestimmung der zuständigen Behörde innerhalb des Landes ist Sache der Länder selbst, die diese Entscheidung im Rahmen ihres Verwaltungsverfahrensrechts treffen. Soweit das MPhG keine Zuständigkeitsregelung enthält, richtet sich die Zuständigkeit nach dem Verwaltungsverfahrensgesetz des jeweiligen Landes. Das MPhG hat die örtlichen behördlichen Zuständigkeiten für die Fälle klargestellt, in denen unter mehreren denkbaren örtlichen Zuständigkeiten bestimmt werden muß. Dabei handelt es sich einmal um die Erteilung der zur Führung der Berufsbezeichnung (§ 2 Abs. 2 und § 7 Abs. 4 MPhG). Diese Erlaubnis soll von der Behörde ausgestellt werden, in deren Bereich der Antragsteller die staatliche Prüfung abgelegt hat. Nur diese Behörde kann entscheiden, ob die Voraussetzungen für die Erlaubniserteilung vorliegen. Zum anderen ist geregelt (Absatz 2), welche Behörde für die Anrechnung anderer Ausbildungen zuständig ist. Dies muß diejenige Behörde sein, in deren Bereich die weitere Ausbildung stattfinden soll. Diese Behörde kann prüfen, ob die ordnungsgemäße Durchführung der Ausbildung gewährleistet ist und das Ausbildungsziel erreicht werden kann.

Die Entscheidungen der Landesbehörden sind Verwaltungsakte, für die der Rechtsweg vor den Verwaltungsgerichten offen steht. Auf diesen hat die entscheidende Behörde durch Rechtsmittelbelehrung hinzuweisen.

Welche Behörden in den einzelnen Ländern zuständig sind, kann hier nicht aufgelistet werden. Es sind häufig die Mittelbehörden, soweit solche bestehen (Regierungspräsidien, Bezirksregierungen), bestimmte Landesämter (Landesverwaltungsämter) oder - wie in Nordrhein-Westfalen - kommunale Behörden (Oberstadt- und Oberkreisdirektor, Gesundheitsamt).

Abschnitt 6
Bußgeldvorschriften

§ 15

(1) Ordnungswidrig handelt, wer

1. ohne Erlaubnis nach § 1 die Berufsbezeichnung
   a) "Masseurin und medizinische Bademeisterin" oder "Masseur und medizinischer Bademeister" oder
   b) "Physiotherapeutin" oder "Physiotherapeut" oder

2. entgegen § 16 Abs. 3 Satz 3 die Berufsbezeichnung "Masseurin" oder "Masseur" oder entgegen § 16 Abs. 4 Satz 2 die Berufsbezeichnung "Krankengymnastin" oder "Krankengymnast"

führt.

(2) Die Ordnungswidrigkeit kann mit einer Geldbuße bis zu 2.500 Euro geahndet werden.

Das MPhG schützt wie die anderen Zulassungsgesetze nach Art. 74 Nr. 19 GG für nichtärztliche Heilberufe die Berufsbezeichnung und stellt das unbefugte Führen der jeweils geschützten Berufsbezeichnung unter Bußgeldandrohung.

Da die Erlaubnis zur Führung der Berufsbezeichnungen "Masseurin" oder "Masseur" und "Krankengymnastin" oder "Krankengymnast" aus Gründen des Besitzstandsschutzes auch künftig für einen bestimmten Personenkreis weitergelten soll (§ 16 Abs. 3 und 4 MPhG), sind diese Berufsbezeichnungen als weiterhin schutzbedürftig in die Regelung über Ordnungswidrigkeiten einbezogen worden.

Die Berufsbezeichnung "führt", wer sie nach außen für sich in Anspruch nimmt. Die Handlung erfordert Vorsatz (Wissen und Wollen); bedingter Vorsatz (Inkaufnahme) genügt.

Für die Ahndung der hier genannten Ordnungswidrigkeit finden die Vorschriften des Gesetzes über Ordnungswidrigkeiten (OWiG) Anwendung. Eine Ordnungswidrigkeit ist eine rechtswidrige und vorwerfbare Handlung, die den Tatbestand (hier Führen der Berufsbezeichnung ohne Berechtigung) verwirklicht, der nach dem MPhG mit einer Geldbuße geahndet werden kann (§ 1 Abs. 1 OWiG).

Die Verfolgung von Ordnungswidrigkeiten liegt im pflichtgemäßen Ermessen der Verfolgungsbehörde (§ 47 OWiG). Sachlich zuständig für die Verfolgung und Ahndung von Ordnungswidrigkeiten ist die Verwaltungsbehörde, die durch Gesetz bestimmt wird, mangels einer solchen Bestimmung die fachlich zuständige oberste Landesbehörde (§ 36 OWiG). Örtlich zuständig ist die Verwaltungsbehörde, in deren Bereich die Ordnungswidrigkeit begangen oder entdeckt worden ist oder in deren Bereich der Betroffene zur Zeit der Einleitung des Bußgeldverfahrens seinen Wohnsitz hat (§ 37 OWiG).

Abschnitt 7
Übergangs- und Schlußvorschriften

§ 16

(1) Eine vor Inkrafttreten dieses Gesetzes erteilte Erlaubnis als "Masseurin und medizinische Bademeisterin" oder als "Masseur und medizinischer Bademeister" oder eine einer solchen Erlaubnis durch das Gesetz über die Ausübung der Berufe des Masseurs, des Masseurs und medizinischen Bademeisters und des Krankengymnasten in der im Bundesgesetzblatt Teil III, Gliederungsnummer 2124-7, veröffentlichten bereinigten Fassung, zuletzt geändert gemäß Artikel 14 der Verordnung vom 26. Februar 1993 (BGBl. I S. 278), gleichgestellte Erlaubnis gilt als Erlaubnis nach § 1 Nr. 1. Eine vor Inkrafttreten dieses Gesetzes erteilte Erlaubnis als "Krankengymnastin" oder als "Krankengymnast" oder eine einer solchen Erlaubnis durch das in Satz 1 genannte Gesetz gleichgestellte Erlaubnis gilt als Erlaubnis nach § 1 Nr. 2.

(2) Eine Ausbildung in der Massage, in der Krankengymnastik oder als Physiotherapeut, die vor Inkrafttreten dieses Gesetzes auf Grund des in Absatz. 1 Satz 1 genannten Gesetzes begonnen worden ist, wird nach den bisher geltenden Vorschriften abgeschlossen. Nach Abschluß der Ausbildung in der Massage erhält der Antragsteller, wenn die Voraussetzungen des § 2 Abs. 1 Nr. 2 und 3 vorliegen, eine Erlaubnis nach § 1 Nr. 1 dieses Gesetzes oder eine Erlaubnis zur Führung der Berufsbezeichnung "Masseurin" oder "Masseur" nach § 1 des in Absatz 1 Satz 1 genannten Gesetzes. Personen, die eine Erlaubnis nach § 1 Nr. 1 dieses Gesetzes beantragen, müssen ferner die Voraussetzungen des § 11 des in Absatz 1 Satz 1 genannten Gesetzes erfüllen. Nach Abschluß der Ausbildung in der Krankengymnastik oder als Physiotherapeut erhält der Antragsteller eine Erlaubnis nach § 1 Nr. 2, wenn die Voraussetzungen des § 2 Abs. 1 Nr. 2 und 3 vorliegen.

(3) Masseure, die eine Erlaubnis nach dem in Absatz 1 Satz 1 genannten Gesetz besitzen, dürfen diese Berufsbezeichnung weiter führen. Ihnen ist auf Antrag eine Erlaubnis nach § 1 Nr. 1 zu erteilen, wenn sie nach Erteilung der Erlaubnis als Masseur mindestens zwölf Monate in einem medizinischen Badebetrieb oder einer vergleichbaren Einrichtung zur medizinischen Massage tätig waren. Außer in den Fällen des Absatzes 2 Satz 2 und des Absatzes 3 Satz 1 darf die Berufsbezeichnung "Masseurin" oder "Masseur" nicht geführt werden.

(4) Krankengymnasten, die eine Erlaubnis nach dem in Absatz 1 Satz 1 genannten Gesetz besitzen, dürfen diese Berufsbezeichnung weiter führen. Außer im Falle des Satzes 1 darf die Berufsbezeichnung "Krankengymnastin" oder "Krankengymnast" nicht geführt werden.

(5) Im Krankenhausfinanzierungsgesetz in der Fassung der Bekanntmachung vom 10. April 1991 (BGBl. I S. 886), zuletzt geändert durch Artikel 17 des Gesetzes vom 26. Mai 1994 (BGBl. I S. 1014), werden in § 2 Nr. 1 a Buchstabe d nach dem Wort "Krankengymnastin," die Worte "Physiotherapeut, Physiotherapeutin" angefügt.

(6) Im Fünften Buch Sozialgesetzbuch (Artikel 1 des Gesetzes vom 20. Dezember 1988, BGBl. I S. 2477), zuletzt geändert durch Artikel 4 des Gesetzes vom 26. Mai 1994 (BGBl. I S. 1014), werden in § 124 Abs. 2 nach Satz 1 folgende Sätze 2 und 3 angefügt:

"Ein zugelassener Leistungserbringer von Heilmitteln ist in einem weiteren Heilmittelbereich zuzulassen, sofern er für diesen Bereich die Voraussetzungen des Satzes 1 Nr. 3 und 4 erfüllt und eine oder mehrere Personen beschäftigt, die die Voraussetzungen des Satzes 1 Nr. 1 und 2 nachweisen. Sofern ein zugelassener Leistungserbringer anschließend die Qualifikation zum Physiotherapeuten erwirbt, gilt die berufspraktische Erfahrungszeit nach Absatz. 2 Nr. 2 als erfüllt."

Diese Übergangsvorschrift dient im wesentlichen der Besitzstandswahrung.

Absatz 1 stellt die nach bisherigem Recht erteilten Berufsberechtigungen für Masseure und medizinische Bademeister und für Krankengymnasten einer Erlaubnis nach § 1 dieses Gesetzes gleich. Damit unterliegen diese Berechtigungen gleichzeitig den Vorschriften des MPhG

Nach **Absatz 2** werden vor Inkrafttreten des MPhG begonnene Ausbildungen - sowohl in der Massage, als auch in der Krankengymnastik oder als Physiotherapeut (neue Länder) - nach den bisherigen Vorschriften abgeschlossen. Wer die Ausbildung als Masseur begonnen hat und anschließend die Berufsbezeichnung "Masseur und medizinischer Bademeister" anstrebt, muß auch die dafür notwendigen Voraussetzungen nach § 11 des Masseur- und Krankengymnastengesetzes (praktische Tätigkeit in medizinischen Badebetrieben oder sonstigen Einrichtungen) erfüllen.

Absatz 3 Satz 1 ermöglicht es, die Berufsbezeichnung "Masseurin" oder "Masseur" weiter zu führen, wenn eine Eingliederung in den neuen Beruf des Masseurs und medizinischen Bademeisters nicht gewünscht wird.

Durch Satz 2 wird Inhabern einer Erlaubnis als "Masseurin" oder "Masseur" die Möglichkeit gegeben, unter bestimmten Bedingungen die Erlaubnis nach § 1 Nr. 1 des MPhG zu erwerben.

Auch die Berufsbezeichnung "Krankengymnastin" oder "Krankengymnast" darf weiterhin geführt werden, wenn eine Erlaubnis nach dem Masseur- und Krankengymnastengesetz erteilt worden ist **(Absatz 4)**. Diesen Berufsangehörigen ist es also freigestellt, sich weiterhin als Krankengymnasten zu bezeichnen oder sich Physiotherapeuten zu nennen.

Die Änderung der Berufsbezeichnung für die Krankengymnasten erforderte auch eine klarstellende Anpassung des Krankenhausfinanzierungsgesetzes **(Absatz 5)**. Dort ist geregelt, welche Ausbildungsstätten "mit den Krankenhäusern notwendigerweise verbunden" sind. Nach § 17 Abs. 4a des Krankenhausfinanzierungsgesetzes sind die Kosten dieser Ausbildungsstätten im Pflegesatz zu berücksichtigen, soweit diese Kosten nicht nach anderen Vorschriften aufzubringen sind.

Die in **Absatz 6** erfolgte Änderung des § 124 SGB V schafft Rechtssicherheit bei der Gründung bereichsübergreifender Praxen von z.B. Krankengymnasten und Masseuren/medizinischen Bademeistern oder umgekehrt. Mit der Schaffung des § 124 SGB V im Gesundheits-Reformgesetz wird auch die Möglichkeit eröffnet, bereichsübergreifende Praxen von mehreren Berufsgruppen im Heilmittelbereich gründen zu können, da diese Praxisformen betriebswirtschaftliche Vorteile bieten und somit auch für die Beitragszahler vorteilhaft sein können. Außerdem wird hierin auch eine Verbesserung der patientenfreundlichen Versorgungsstrukturen gesehen.

Bisher bestehen insgesamt rund 1500 bereichsübergreifende Praxen, deren rechtmäßige Existenz allerdings von mehreren Sozialgerichten bestritten wird. Deshalb ist es nötig, die bestehende Vorschrift so zu präzisieren, daß keine unterschiedliche rechtliche Interpretation der Vorschrift mehr möglich ist.

Die Änderung des § 124 Abs. 2 SGB V stellt klar, daß ein zugelassener Leistungserbringer von Heilmitteln nicht nur eine, sondern auch mehrere Personen anstellen kann, die die Voraussetzungen des Satzes 1 Nr. 1 und 2 besitzen.

Eine gesetzliche Regelung für die Praxisvertretung, sofern der Praxisinhaber sich z. B. zum Physiotherapeuten weiterbildet, ist nicht nötig, da das Gesetz in § 12 vorsieht, daß der Masseur und medizinische

Bademeister die Ausbildung auch in Teilzeitform betreiben kann, Außerdem haben die Krankenkassen die Vertretungsregelung bei Praxisinhabern bereits vertraglich zufriedenstellend gelöst, so daß hierdurch Schwierigkeiten bei der Zulassung von fächerübergreifenden Praxen nicht zu erwarten sind.

Der Verzicht auf die berufspraktische Erfahrungszeit bei bereits vor der Zusatzausbildung zugelassenen Leistungserbringern ist dadurch gerechtfertigt, daß der zugelassene Leistungserbringer während seiner früheren berufspraktischen Tätigkeit ausreichende praktisch-qualifikatorische und unternehmerische Fähigkeiten in verwandten Leistungsbereichen der physikalischen Therapie gesammelt hat. Außerdem wird durch die Regelung der Fortbestand der niedergelassenen Praxis sichergestellt.

§ 17

(1) Findet die Ausbildung als Physiotherapeut (§ 9) an einer Schule statt, die nicht an einem Krankenhaus eingerichtet ist, kann abweichend von § 9 Satz 1 und 3 die praktische Ausbildung bis zur Dauer von zwölf Monaten auch als praktische Tätigkeit außerhalb des Lehrgangs an einem zur Annahme von Praktikanten ermächtigten Krankenhaus unter Aufsicht eines Krankengymnasten oder eines Physiotherapeuten und unter ärztlicher Verantwortung durchgeführt werden. Abweichend von Satz 1 kann die praktische Tätigkeit bis zur Dauer von vier Monaten auch an einer zur Annahme von Praktikanten ermächtigten Einrichtung, in der Patienten physiotherapeutisch behandelt oder rehabilitiert werden, unter Aufsicht eines Krankengymnasten oder eines Physiotherapeuten abgeleistet werden. § 7 Abs. 2 gilt entsprechend.

(2) Absatz 1 gilt nur für Schulen, die bei Inkrafttreten des Gesetzes nach § 7 Abs. 1 des in § 16 Abs. 1 Satz 1 genannten Gesetzes als zur Ausbildung geeignet staatlich anerkannt sind, und nur für Ausbildungen, die vor dem 1. Juni 1998 abgeschlossen werden. Ist eine Wiederholung der staatlichen Prüfung erforderlich, kann der in Satz 1 für den Abschluß der Ausbildung genannte Zeitpunkt entsprechend überschritten werden.

(3) Schulen, die vor Inkrafttreten dieses Gesetzes aufgrund des in § 16 Abs. 1 Satz 1 genannten Gesetzes die staatliche Anerkennung erhalten haben, gelten weiterhin als staatlich anerkannt nach § 4 Abs. 2 oder § 9, sofern die Anerkennung nicht zurückgenommen wird.

Zu dieser Vorschrift führt die amtliche Begründung zum Gesetzentwurf (BT-Drs. 12/5887) folgendes aus:

"Nach Absatz 1 haben Schulen, die nicht an einem Krankenhaus eingerichtet sind (vgl. Begründung zu § 9) und die die dreijährige integrierte Ausbildung nach § 9 noch nicht gewährleisten können, die Möglichkeit, wie bisher die Schüler zur Ableistung der praktischen Tätigkeit an ermächtigte Krankenhäuser oder bestimmte Einrichtungen bis zu einer Gesamtdauer von einem Jahr ggf. mit einem Testat über die in der bisherigen Ausbildung erworbenen Kenntnisse und Fertigkeiten - aus dem Lehrgang zu entlassen. Dies kann während der dreijährigen Ausbildungszeit mehrfach blockweise oder auch entsprechend dem bisherigen Recht in einem Block als letzter Teil der Ausbildung erfolgen. Welcher Weg gewählt wird, ist den jeweiligen Möglichkeiten der Schule und ihrer Organisationsfreiheit überlassen. Im Unterschied zum bisher geltenden Recht findet die staatliche Prüfung jedoch in jedem Fall am Ende der gesamten Ausbildung und in der Regel an der Schule statt, an der der Schüler den theoretischen und praktischen Unterricht erhalten hat.

Um die Einheit der Physiotherapeutenausbildung nicht zu gefährden, ist die Regelung durch Absatz 2 so befristet, daß nach Inkrafttreten des Gesetzes noch ein Ausbildungsgang einschließlich einer eventuellen Wiederholung der Prüfung oder Teilen davon in der Form des Absatzes 1 durchgeführt werden kann. Da der Schüler während der praktischen Tätigkeit im Rahmen seines "Lernens durch praktisches Tun" eine Arbeitsleistung für das Krankenhaus bzw. die Einrichtung erbringt, wäre es wünschenswert, wenn ihm hierfür eine Vergütung gewährt werden könnte. Dem Rechtsstatus nach ist er zwar im Unterschied zum bisherigen Praktikanten Schüler, jedoch kann er durch Testate nachweisen, daß er im Lehrgang bereits bestimmte Kenntnisse und Fertigkeiten erworben hat, die dem des bisherigen geprüften Lehrgangsteilnehmers nicht nach zustehen brauchen. Das Gesetz kann die Frage der Gewährung einer Vergütung zwar nicht regeln (vgl. auch Begründung zu § 9), es steht entsprechenden tarifvertraglichen Vereinbarungen jedoch nicht entgegen."

Nur während der in Absatz 2 festgelegten Übergangsfrist bestellt die Möglichkeit, zwölf Monate der praktischen Ausbildung außerhalb des Lehrgangs in Form der bisherigen praktischen Tätigkeit und vier Monate der praktischen Ausbildung in Einrichtungen, in denen physiotherapeutisch behandelt oder rehabilitiert wird (physiotherapeutische Praxen), abzuleisten. Danach kann die praktische Ausbildung nur an Krankenhäusern oder medizinischen Einrichtungen (Rehabilitationskliniken) abgeleistet werden.

Nach Ablauf der genannten Frist können nur noch Schulen zur Ausbildung staatlich anerkannt werden, die die geänderten Voraussetzungen erfüllen. Demzufolge mußte die Möglichkeit einer erneuten Überprüfung und der Rücknahme der staatlichen Anerkennung geschaffen werden (Absatz 3).

§ 18

Für Umschüler mit einer abgeschlossenen Ausbildung in einem medizinischen Fachberuf kann auf Antrag der Lehrgang nach § 4 Abs. 2 Satz 2 uni sechs Monate verkürzt werden, wenn mindestens die Voraussetzung des § 5 Nr. 1 erfüllt ist und die Durchführung der Ausbildung und die Erreichung des Ausbildungsziels dadurch nicht gefährdet werden. Für Umschüler mit einer abgeschlossenen Ausbildung in einem medizinischen Fachberuf kann auf Antrag die Ausbildung nach § 9 Satz 1 um sechs Monate, nach mindestens dreijähriger Tätigkeit im erlernten Beruf uni weitere sechs Monate verkürzt werden, wenn mindestens die Voraussetzung des § 10 Nr. 1 erfüllt ist und die Durchführung der Ausbildung und die Erreichung des Ausbildungsziels dadurch nicht gefährdet werden. Die Sätze 1 und 2 gelten nur für Umschulungen, die bis zum 31. Dezember 2000 begonnen werden. § 6 Abs. 2 und § 12 Abs. 3 bleiben unberührt.

Auch zu dieser Vorschrift wird die amtliche Begründung zitiert (siehe zu § 17), um die Absichten des Gesetzgebers zu verdeutlichen:

"Die Vorschrift ermöglicht es aus arbeitsmarktpolitischen Gründen, Umschülern mit abgeschlossener Ausbildung in einem medizinischen Fachberuf, z. B. Arzthelfern, Zahnarzthelfern, Logopäden und anderen bundes- oder landesrechtlich geregelten medizinischen Berufen zeitlich begrenzt eine Verkürzung auf die Ausbildung zum Masseur und medizinischen Bademeister bis zu sechs Monaten sowie auf die Ausbildung zum Physiotherapeuten bis zu einem Jahr zu gewähren. Daneben wird Umschülern aus medizinischen Fachberufen die besondere Verkürzungsmöglichkeit nach § 6 Abs. 2 bzw. § 12 Abs. 3 nicht genommen. wenn sich im Einzelfall nach dieser Rechtsgrundlage eine über sechs bzw. zwölf Monate hinausgehende Verkürzung durch Anrechnung im Umfang der Gleichwertigkeit der anderen Ausbildung ergeben würde.

Der Bund besitzt nach Artikel 74 Nr. 19 Grundgesetz eine besondere und konkurrierende Regelungskompetenz, die ihn ermächtigt und verpflichtet, für die bestmögliche Gewährleistung der Gesundheit des Bürgers Sorge zu tragen. Danach sowie auf der Grundlage gemeinschaftsrechtlicher

Mindestanforderungen für die Anerkennung von Diplomen und anderen Befähigungsnachweisen hat er insbesondere gesundheitliche, charakterliche und bildungsmäßige Zulassungsvoraussetzungen für Heilberufe durch eigenständige Zulassungsgesetze sowie durch auf diesen Gesetzen beruhende Ausbildungs- und Prüfungsverordnungen festzusetzen. Durch das vorliegende Gesetz werden die Anforderungen an die Ausbildung von Masseuren und medizinischen Bademeistern und Physiotherapeuten erhöht, die Dauer des Lehrgangs in der Massage von einem auf zwei Jahre verdoppelt. In Anbetracht dieser Veränderung erscheint es vertretbar, eine verkürzte Umschulungszeit vorzusehen; diese Regelung gilt befristet. Hierdurch soll festgestellt werden, ob auch die an die Ausbildung gestellten Anforderungen in einer verkürzten Zeit der Umschulung erreicht werden können."

§ 19

Dieses Gesetz tritt mit Ausnahme des § 13 am 1. Juni 1994 in Kraft. Gleichzeitig tritt das Gesetz über die Ausübung der Berufe des Masseurs, des Masseurs und medizinischen Bademeisters und des Krankengymnasten außer Kraft. § 13 tritt am Tage nach der Verkündung in Kraft.

Das MPhG vom 26. Mai 1994 ist unmittelbar nach der Verkündung im Bundesgesetzblatt (31. Mai 1994) in Kraft getreten. Für die Schulen blieb daher nur die Zeit bis zum Beginn der nächsten Lehrgänge im Spätsommer oder Herbst, um sich auf die neuen Regelungen einzustellen. Aufgrund der vorangegangenen jahrelangen Diskussionen um dieses Gesetz war jedoch allen Beteiligten längst bekannt, welche Veränderungen in der Ausbildung für die hier geregelten Berufe eintreten werden. Die Ausbildungs- und Prüfungsverordnungen sind erst im Dezember 1994 erlassen worden.

b) zur Ausbildungs- und Prüfungsverordnung für Masseure und medizinische Bademeister (MB-APrV)

Vom 6. Dezember 1994 (BGBl. I S. 3770), geändert durch Art. 5 Nr. 16 des Gesetzes vom 23. März 2005 (BGBl. I S. 931)

Artikel 1 Ausbildungs- und Prüfungsverordnung für Masseure und medizinische Bademeister (MB-APrV)

§1

Ausbildung

(1) Der zweijährige Lehrgang der Masseure und medizinischen Bademeister umfaßt den in der Anlage 1 aufgeführten theoretischen und praktischen Unterricht von 2230 Stunden und die aufgeführte praktische Ausbildung von 800 Stunden. Für Umschüler nach § 18 Satz 1 des Masseur- und Physiotherapeutengesetzes sind die Stundenzahlen entsprechend zu verringern, wobei sich der Unterricht auf alle Fächer der Anlage 1 erstrecken muß.

(2) Im Unterricht muß den Schülern ausreichende Möglichkeit gegeben werden, die erforderlichen praktischen Fähigkeiten und Fertigkeiten zu entwickeln und einzuüben. Die praktische Ausbildung findet in Krankenhäusern oder anderen geeigneten medizinischen Einrichtungen am Patienten statt.

(3) Die regelmäßige und erfolgreiche Teilnahme an den Ausbildungsveranstaltungen des Lehrgangs nach Absatz 1 ist durch eine Bescheinigung nach dem Muster der Anlage 2 nachzuweisen.

(4) Die praktische Tätigkeit nach § 7 des Masseur- und Physiotherapeutengesetzes soll innerhalb eines Jahres nach Ablegen der staatlichen Prüfung (§ 2) begonnen werden. Sie erstreckt sich auf die für die praktische Ausbildung während des Lehrgangs genannten Bereiche (Anlage 1 Teil B).

(5) Während der praktischen Tätigkeit nach Absatz 4 ist in allen für die Berufsausübung wesentlichen Kenntnissen und Fertigkeiten zu unterweisen. Es ist Gelegenheit zu geben, durch entsprechenden praktischen Einsatz die im theoretischen und praktischen Unterricht

sowie in der praktischen Ausbildung nach Absatz 1 erworbenen Kenntnisse, Fähigkeiten und Fertigkeiten zu vertiefen und weiterzuentwickeln sowie zu lernen, diese bei der praktischen Arbeit anzuwenden.

(6) Nach ordnungsgemäßer Ableistung der praktischen Tätigkeit nach Absatz 4 erhält der Praktikant eine Bescheinigung nach dem Muster der Anlage 3. Die Bescheinigung ist von dem Leiter des Krankenhauses oder der medizinischen Einrichtung und von dem Masseur und medizinischen Bademeister, Krankengymnasten oder Physiotherapeuten zu unterschreiben, unter dessen Aufsicht die praktische Tätigkeit abgeleistet wurde.

Die Ausbildungs- und Prüfungsverordnung für Masseure und medizinische Bademeister (MB-APrV) wird auf der Grundlage der Ermächtigung in § 13 Abs. 1 und 3 des Masseurs- und Physiotherapeutengesetzes erlassen und löst damit die geltende Ausbildungs- und Prüfungsordnung für Masseure und für Masseure und medizinische Bademeister vom 7. Dezember 1960 (BGBl. I S. 880) ab.

Die Stundenzahlen in Absatz 1 sind Mindestanforderungen, die an den zweijährigen Lehrgang zu stellen sind.

In der Anlage 1 sind unter Angabe der Stundenzahlen die Unterrichts- und Ausbildungsveranstaltungen aufgeführt, deren regelmäßiger und erfolgreicher Besuch für die Zulassung zur Prüfung nachzuweisen ist.

Die Verordnung regelt nichts über die Dauer einer Stunde. Da es sich aber um eine schulische angelegte Ausbildung handelt, umfaßt eine Unterrichtsstunde (Unterrichtseinheit) während einer schulischen Ausbildung im allgemeinen 45 Minuten.

lm Interesse eines größeren Organisations- und Dispositionsrahmens der Schulen wurde darauf verzichtet, die Ausbildungsinhalte selbst zeitlich und sachlich den einzelnen Ausbildungsjahren zuzuordnen. Außerdem sind für den theoretischen und praktischen Unterricht eine bestimmte Anzahl Stunden zur freien Verteilung auf die Fächer vorgesehen. Damit soll eine möglichst praxisnahe Ausbildung gewährleistet und den unter-schiedlichen Möglichkeiten der Schulen Rechnung getragen werden.

Für Umschüler sieht Absatz 1 Satz 2 eine Verkürzung der Mindeststundenzahlen vor. Diese ist in Relation zur Gesamtdauer des zweijährigen Lehrgangs zu setzen. Dabei ist so zu verfahren. daß der Unterricht sich auf alle Fächer in der Anlage 1 erstreckt, die Stundenzahlen der einzelnen Fächer jedoch entsprechend zu reduzieren sind.

Die Regelung in Absatz 2 Satz 1 soll sicherstellen, daß im Rahmen der Unterrichtsveranstaltungen die praktischen Unterrichtsanteile nicht \vernachlässigt werden, ohne eine bestimmte Stundenzahl für den praktischen Unterricht festzuschreiben.

Absatz 2 Satz 2 regelt, daß die praktische Ausbildung in Krankenhäusern oder anderen geeigneten medizinischen Einrichtungen am Patienten erfolgen soll. Damit soll aber auch gleichzeitig deutlich gemacht werden, daß die praktische Arbeit eines Masseurs und medizinischen Bademeisters nicht nur die Arbeit mit dem Patienten, sondern auch andere vor- und nachbereitende Tätigkeiten, wie zum Beispiel Dokumentation oder Gerätepflege umfaßt.

Absatz 3 regelt den Nachweis der regelmäßigen und erfolgreichen Teilnahme an den vorgeschriebenen Ausbildungsveranstaltungen des Lehrgangs und verweist auf das in der Anlage 2 vorgeschriebene amtliche Muster der vom Schüler beizubringenden Bescheinigung der Schule.

Die Auslegung der unbestimmten Rechtsbegriffe "regelmäßig" und "erfolgreich" steht im pflichtgemäßen Ermessen der Schule, wobei die Voraussetzung der Regelmäßigkeit im allgemeinen erfüllt ist, wenn normale Fehlzeiten nicht oder nur unwesentlich überschritten sind. Erfolgreich ist die Teilnahme, wenn die zu beobachtenden Leistungen des Schülers seine grundsätzliche Eignung für den angestrebten Beruf erkennen und das Bestehen der Prüfung erwarten lassen. Liegen diese Voraussetzungen im Einzelfall nicht vor oder bestehen begründete Zweifel, ist die Bescheinigung zu versagen, so daß unter Umständen eine Verlängerung der Ausbildungszeit erforderlich wird.

Die Art und Weise der Feststellung einer erfolgreichen Teilnahme ist der Schule überlassen. Sie kann zu dem Zweck auch bestimmte Leistungskontrollen durchführen oder das Erreichen bestimmter Noten in Nichtprüfungsfächern als Voraussetzung der Erteilung der Bescheinigung festschreiben. Eine allgemeine Grundlage für die Beurteilung der erfolgreichen und regelmäßigen Teilnahme an den vorgeschriebenen Ausbildungsveranstaltungen des Lehrgangs bilden aber insbesondere die Aufzeichnungen, die die Schule während der Ausbildung über jeden Schüler führt.

Absatz 4 Satz 1 schreibt vor, daß die praktische Tätigkeit im Anschluß an den Lehrgang nicht später als ein Jahr nach Ablegung der Prüfung begonnen werden soll. Damit soll eine gewisse zeitliche Nähe zur schulischen Ausbildung hergestellt und bezweckt werden, daß die praktische Tätigkeit der Vertiefung der eingeübten Fähigkeiten und Fertigkeiten dient.

Absatz 4 Satz 2 verweist auf die in Anlage I Teil B aufgeführten Bereiche der praktischen Ausbildung, auf die sich auch die praktische Tätigkeit zu erstrecken hat.

Absatz 5 verweist auf die im Anschluß an den Lehrgang erforderliche sechsmonatige praktische Tätigkeit und bestimmt die Ziele, die damit erreicht werden sollen.

Die Ableistung der praktischen Tätigkeit ist nach Absatz 6 von der ausbildenden Stelle nach dem Muster der Anlage 3 zu bescheinigen. Für die Beurteilung der ordnungsgemäßen Ableistung der praktischen Tätigkeit können die Länder entsprechende Kriterien festlegen.

§ 2

Staatliche Prüfung

(1) Die staatliche Prüfling für den Lehrgang nach § 1 Abs. 1 umfaßt jeweils einen schriftlichen, einen mündlichen und einen praktischen Teil.

(2) Der Prüfling legt die Prüfung bei der Schule für Masseure und medizinische Bademeister (Schule) ab, an der er den Lehrgang abschließt. Die zuständige Behörde, in deren Bereich die Prüfung oder ein Teil der Prüfung abgelegt werden soll, kann aus wichtigem Grund Ausnahmen zulassen. Die Vorsitzenden der beteiligten Prüfungsausschüsse sind vorher zu hören.

Die staatliche Prüfung gliedert sich in einen schriftlichen, einen mündlichen und einen praktischen Teil (Absatz 1). Die Fächer, auf die sich die Prüfung erstreckt, sind jeweils in den §§ 5 und 6, die Aufgaben für den praktischen Teil der Prüfung in § 7 festgelegt.

Nach Absatz 2 ist die Prüfung grundsätzlich in der Schule abzulegen, an der die Ausbildung abgeschlossen wird. Ausnahmen sind unter den dort im einzelnen genannten Voraussetzungen zulässig.

Vergleiche dazu Erläuterungen zu § 2 PhysTh-APrV.

Die Einführung einer Zwischenprüfung scheitert insbesondere an den begrenzten personellen Kapazitäten bei der Einrichtung von Prüfungsausschüssen sowie an dem Erfordernis, daß auch die Zwischenprüfung eine staatliche sein müßte, wenn in ihr einzelne Fächer abschließend geprüft werden sollten. Darüber hinaus würden durch den erhöhten Verwaltungsaufwand zusätzliche Kosten entstehen.

§ 3

Prüfungsausschuß

(1) Bei jeder Schule wird ein Prüfungsausschuß gebildet, der aus folgenden Mitgliedern besteht:

1. einem Medizinalbeamten der zuständigen Behörde oder einem von der zuständigen Behörde mit der Wahrnehmung dieser Aufgabe Beauftragten als Vorsitzenden,
2. einem Beauftragten der Schulverwaltung, wenn die Schule nach den Schulgesetzen eines Landes der staatlichen Aufsicht durch die Schulverwaltung untersteht,
3. folgenden Fachprüfern:
   a) mindestens einem Arzt,
   b) mindestens einem an der Schule unterrichtenden Masseur und medizinischen Bademeister oder einem Diplom-Medizinpädagogen oder einem Medizinpädagogen mit einer abgeschlossenen Ausbildung als Physiotherapeut,
   c) weiteren an der Schule tätigen Unterrichtskräften entsprechend den zu prüfenden Fächern;

dem Prüfungsausschuß sollen diejenigen Fachprüfer angehören, die den Prüfling in dem Prüfungsfach überwiegend ausgebildet haben.

(2) Die zuständige Behörde kann abweichend von Absatz 1 Nr. 1 einen dem Prüfungsausschuß angehörenden Beauftragten der Schulverwaltung zum Vorsitzenden bestellen.

(3) Jedes Mitglied des Prüfungsausschusses hat einen oder mehrere Stellvertreter. Die zuständige Behörde bestellt den Vorsitzenden des Prüfungsausschusses und nach Anhörung der Schulleitung die Fachprüfer und deren Stellvertreter für die einzelnen Fächer.

(4) Die zuständige Behörde kann Sachverständige und Beobachter zur Teilnahme an allen Prüfungsvorgängen entsenden.

Die Vorschrift regelt Bildung und Zusammensetzung des Prüfungsausschusses. Der Vorsitzende des Prüfungsausschusses sollte, da es sich um eine staatliche Prüfung in einem medizinischen Beruf handelt, ein Arzt sein, der entweder Medizinalbeamter ist oder von der Behörde eigens als Vorsitzender berufen wird. Es besteht jedoch auch die Möglichkeit, eine andere fachlich geeignete Person mit der Wahrnehmung der Aufgaben des Prüfungsausschußvorsitzenden zu beauftragen.

Absatz 1 Nr. 2 (Beauftragter der Schulverwaltung) stellt eine Sonderregelung dar, die den besonderen Verwaltungsverhältnissen einiger Länder Rechnung trägt.

Absatz 1 Nr. 3 benennt die in den Prüfungsausschuß zu berufenden Fachprüfer. Ihre Auswahl bestimmt sich durch die Unterrichtung der zu prüfenden Fächer.

Absatz 2 stellt eine Ausnahmeregelung zu Absatz 1 Nr. 1 dar.

Nach Absatz 3 Satz 1 muß jedes Mitglied des Prüfungsausschusses einen oder mehrere Stellvertreter haben. Die Bestimmung der Zusammensetzung des Prüfungsausschusses ist nach Absatz 3 Satz 2 Aufgabe der zuständigen Behörde.

Nach Absatz 4 kann die zuständige Behörde nach freiem Ermessen Sachverständige und Beobachter, z.B. Unterrichtskräfte, sofern sie nicht selbst Mitglied des Prüfungsausschusses sind, zur Teilnahme an allen Prüfungsvorgängen entsenden.

Vergleiche dazu Erläuterungen zu § 3 PhysTh-APrV.

§ 4

Zulassung zur Prüfling

(1) Der Vorsitzende entscheidet auf Antrag des Prüflings über die Zulassung zur Prüfling und setzt die Prüfungstermine im Benehmen mit der Schulleitung fest. Der Prüfungsbeginn soll nicht früher als zwei Monate vor dem Ende der Ausbildung liegen.

(2) Die Zulassung zur Prüfung wird erteilt, wenn folgende Nachweise vorliegen:

1. die Geburtsurkunde oder ein Auszug aus dem Familienbuch der Eltern, bei Verheirateten die Heiratsurkunde oder ein Auszug aus dem für die Ehe geführten Familienbuch,
2. die Bescheinigung nach § 1 Abs. 3 über die Teilnahme an den Ausbildungsveranstaltungen.

(3) Die Zulassung sowie die Prüfungstermine sollen dem Prüfling spätestens zwei Wochen vor Prüfungsbeginn schriftlich mitgeteilt werden.

(4) Die besonderen Belange behinderter Prüflinge sind zur Wahrung ihrer Chancengleichheit bei Durchführung der Prüfungen zu berücksichtigen.

Die Entscheidung über die Zulassung zur Prüfung trifft aufgrund seiner Leitungsfunktion der Vorsitzende des Prüfungsausschusses im Benehmen mit dem Leiter der Schule (Absatz 1). Er setzt auch die Prüfungstermine fest.

Der Antragsteller hat u.a. die Bescheinigung nach § 1 Abs. 3 vorzulegen Eine abweichende Regelung für Umschüler ist nicht erforderlich, da sich der Vordruck der Bescheinigung (vgl. Anlage 2) sowohl auf den regulären als auch auf den nach § 18 Satz 1 des Gesetzes verkürzten Lehrgang bezieht. Bei Vorlage der geforderten Nachweise hat der Schüler einen Rechtsanspruch auf Zulassung (Absatz 2).

Bei der Festsetzung des Prüfungsbeginns und der Mitteilung der Prüfungstermine sollen im Interesse eines ordnungsgemäßen Prüfungsablaufs und einer rechtzeitigen Unterrichtung des Prüflings bestimmte Mindestfristen eingehalten werden (Absatz 1 Satz 2 und Absatz 3). in besonderen Ausnahmefällen können die genannten Fristen auch über- bzw. unterschritten werden.

Vergleiche dazu Erläuterungen zu § 4 PhysTh-APrV.

§ 5

Schriftlicher Teil der Prüfung

(1) Der schriftliche Teil der Prüfung erstreckt sich auf folgende Fächergruppen:

1. Berufs-, Gesetzes- und Staatskunde; Psychologie/Pädagogik/Soziologie; Spezielle Krankheitslehre;
2. Prävention und Rehabilitation; Physiologie; Klassische Massagetherapie; Reflexzonentherapie.

Der Prüfling hat in beiden Fächergruppen in jeweils einer Aufsichtsarbeit schriftlich gestellte Fragen zu beantworten. Die Aufsichtsarbeit in der Fächergruppe 1 dauert 120 Minuten, in der Fächergruppe 2180 Minuten. Der schriftliche Teil der Prüfung ist an zwei Tagen durchzuführen. Die Aufsichtsführenden werden von der Schulleitung bestellt.

(2) Die Aufgaben für die Aufsichtsarbeiten werden von dem Vorsitzenden des Prüfungsausschusses auf Vorschlag der Schule ausgewählt. Jede Aufsichtsarbeit ist von mindestens zwei Fachprüfern zu benoten. Aus den Noten der Fachprüfer bildet der Vorsitzende des Prüfungsausschusses im Benehmen mit den Fachprüfern die Note für die einzelne Aufsichtsarbeit sowie aus den Noten der beiden Aufsichtsarbeiten die Prüfungsnote für den schriftlichen Teil der Prüfung. Der schriftliche Teil der Prüfung ist bestanden, wenn jede der beiden Aufsichtsarbeiten mindestens mit "ausreichend" benotet wird.

Die Vorschrift regelt den schriftlichen Teil der Prüfung. Er erstreckt sich auf die in Absatz 1 Nr. 1 und 2 genannten Fächergruppen.

Im Interesse einer möglichst objektiven Prüfung wird die schriftliche Beantwortung von schriftlich gestellten Fragen vorgeschrieben. Eine bestimmte Form ist hierfür nicht vorgesehen.

Die Dauer der Aufsichtsarbeit ist unter Berücksichtigung der Stofffülle festgelegt worden (Absatz 1).

Bei der Notengebung stimmt sich der Vorsitzende des Prüfungsausschusses mit den Fachprüfern ah (Absatz 2 Satz 2 und 3).

Der schriftliche Teil der Prüfung ist bestanden, wenn der Prüfling in der Aufsichtsarbeit mindestens die Note "ausreichend" erhalten hat (Absatz 2 Satz 4).

§ 6

Mündlicher Teil der Prüfung

(1) Der mündliche Teil der Prüfung erstreckt sich auf folgende Fächer:

1. Anatomie,
2. Spezielle Krankheitslehre.

Die Prüflinge werden einzeln oder in Gruppen bis zu fünf geprüft. Die Prüfung soll für den einzelnen Prüfling in jedem Fach nicht länger als 30 Minuten dauern.

(2) Jedes Fach wird von mindestens einem Fachprüfer abgenommen und benotet. Der Vorsitzende ist berechtigt, sich in allen Fächern an der Prüfung zu beteiligen; er kann auch selbst prüfen. Aus den Noten der Fachprüfer bildet der Vorsitzende des Prüfungsausschusses im Benehmen mit den Fachprüfern die Prüfungsnote für den mündlichen Teil der Prüfung. Der mündliche Teil der Prüfung ist bestanden, wenn jedes Fach mindestens mit "ausreichend" benotet wird.

(3) Der Vorsitzende des Prüfungsausschusses kann auf begründeten Antrag die Anwesenheit von Zuhörern beim mündlichen Teil der Prüfung gestatten.

Die Vorschrift regelt die mündliche Prüfung. Neben den Prüfungsfächern (Nummer 1 und 2) sind in Absatz 1 Einzelheiten über Form und Dauer der mündlichen Prüfung und die Anzahl der Prüflinge in einem Termin festgelegt.

Absatz 2 regelt die Bildung der Note für den mündlichen Teil der Prüfung. Voraussetzung des Bestehens der mündlichen Prüfung ist, daß jedes Fach mindestens mit "ausreichend" benotet wird.

Nach Absatz 3 kann der Vorsitzende des Prüfungsausschusses auf begründeten Antrag hin die Anwesenheit von Zuhörern beim mündlichen Teil der Prüfung zulassen. Die störungsfreie Durchführung der Prüfung darf dadurch nicht gefährdet werden. Ein Antrag ist in der Regel begründet, wenn es sich um Schüler der jeweiligen Schule oder um Personen handelt, die in der Ausbildung an der jeweiligen Schule tätig sind.

§ 7

Praktischer Teil der Prüfung

(1) Der praktische Teil der Prüfung erstreckt sich auf folgende Fächergruppen:

1. Physikalisch-therapeutische Befundtechniken; Klassische Massagetherapie; Reflexzonentherapie, Sonderformen der Massagetherapie;
2. Übungsbehandlung im Rahmen der Massage und anderer physikalisch-therapeutischer Verfahren; Elektro-, Licht- und Strahlentherapie; Hydro-, Balneo-, Thermo- und Inhalationstherapie.

Der Prüfling hat in jedem Fach der jeweiligen Fächergruppe fallbezogen seine Kenntnisse und Fertigkeiten nachzuweisen sowie sein Handeln zu erläutern und zu begründen. Die Prüflinge werden einzeln oder in Gruppen bis zu fünf am Patienten oder Probanden geprüft. Die Prüfung soll für den einzelnen Prüfling nicht länger als 20 Minuten je Fach dauern.

(2) Der Prüfling hat weiterhin unter Aufsicht an einem Patienten oder, soweit ein Patient nicht zur Verfügung steht, an einer zugewiesenen Person mit vorgegebener Diagnose eine Behandlung nach vorheriger Befunderhebung und Behandlungsvorschlag durchzuführen und dabei nachzuweisen, daß er die im Unterricht erworbenen Kenntnisse und Fertigkeiten am Patienten umsetzen kann. Die Auswahl und die Zuweisung der Patienten erfolgt durch einen Fachprüfer nach § 3 Abs. 1 Nr. 3 im Einvernehmen mit den Patienten und dem für die Patienten verantwortlichen Arzt. Die Prüfung soll für den Prüfling nicht länger als 60 Minuten dauern.

(3) Der praktische Teil der Prüfung wird in jedem einzelnen Fach der jeweiligen Fächergruppe des Absatzes 1 sowie im Falle des Absatzes 2 von zwei Fachprüfern, darunter mindestens einem Fachprüfer nach § 3 Abs. 1 Nr. 3 Buchstabe b abgenommen und benotet. Aus den Noten der Fachprüfer bildet der Vorsitzende des Prüfungsausschusses im Benehmen mit den Fachprüfern die Note für jede Fächergruppe des Absatzes 1 sowie aus den Noten der beiden Fächergruppen und der Note für die Prüfung nach Absatz 2 die Prüfungsnote für den praktischen Teil der Prüfung. Der praktische Teil der Prüfung ist bestanden, wenn jede Fächergruppe des Absatzes 1 mindestens mit "ausreichend" und dabei kein Fach schlech-

ter als "mangelhaft" sowie die Prüfung nach Absatz 2 mindestens mit "ausreichend" benotet werden.

Die in den Nr. 1 und 2 genannten Prüfungsaufgaben beziehen sich auf die verschiedenen Bereiche der späteren beruflichen Tätigkeit des Masseurs und medizinischen Bademeisters.

Daneben regelt Absatz 1 Einzelheiten über Form und Dauer der einzelnen Fächer und die Anzahl der Prüflinge zu einem Prüfungstermin.

Absatz 2 Satz 1 regelt die praktische Prüfung am Patienten. Der Prüfling soll zeigen, daß er seine Kenntnisse auch an einem Patienten praktisch umsetzen kann. Deshalb ist der Verzicht auf einen Patienten und der Einsatz einer zugewiesenen Person nur in den Ausnahmefällen, in denen ein Patient nicht zur Verfügung steht, möglich.

Nach Absatz 2 Satz 2 ist dem Prüfling der Patient von einem Fachprüfer zuzuweisen. Die Zuweisung erfolgt im Einverständnis mit dem Patienten und dem ihn behandelnden Arzt. Die Prüfungsdauer ist auf 60 Minuten begrenzt (Satz 3).

Absatz 3 regelt die Bildung der Note für den praktischen Prüfungsteil. Voraussetzung des Bestehens der praktischen Prüfung ist, daß die Note für jede Fächergruppe des Absatzes 1 mindestens mit "ausreichend" und dabei kein Fach schlechter als "mangelhaft" sowie die Note für die Prüfung nach Absatz 2 mindestens "ausreichend" beträgt. Bei der Festlegung der Gesamtnote ist dem Prüfungsausschuß ein Entscheidungsspielraum eingeräumt.

§ 8

Niederschrift

Über die Prüfung ist eine Niederschrift zu fertigen, aus der Gegenstand, Ablauf und Ergebnisse der Prüfung und etwa vorkommende Unregelmäßigkeiten hervorgehen.

Die Niederschrift dient der Gewährleistung eines ordnungsgemäßen Prüfungsablaufs und sichert die Möglichkeit einer eventuellen späteren Überprüfung des Prüfungsvorganges, insbesondere in verwaltungsgerichtlichen Anfechtungsverfahren. Wird die Niederschrift versäumt oder ist sie lückenhaft, so macht dieser Formfehler die Prüfung anfechtbar.

§ 9

Benotung

Die schriftliche Aufsichtsarbeit sowie die Leistungen in der mündlichen und in der praktischen Prüfung werden wie folgt benotet:

- **"sehr gut" (1), wenn die Leistung den Anforderungen in besonderem Maße entspricht,**
- **"gut" (2), wenn die Leistung den Anforderungen voll entspricht,**
- **"befriedigend" (3), wenn die Leistung im allgemeinen den Anforderungen entspricht,**
- **"ausreichend" (4), wenn die Leistung zwar Mängel aufweist, aber im ganzen den Anforderungen noch entspricht,**
- **"mangelhaft" (5), wenn die Leistung den Anforderungen nicht entspricht, jedoch erkennen läßt, daß die notwendigen Grundkenntnisse vorhanden sind und die Mängel in absehbarer Zeit behoben werden können.**
- **"ungenügend" (6), wenn die Leistung den Anforderungen nicht entspricht und selbst die Grundkenntnisse so lückenhaft sind, daß die Mängel in absehbarer Zeit nicht behoben werden können.**

Für die Benotung der Prüfungsleistungen ist das in den vorhandenen Ausbildungs- und Prüfungsverordnungen vorgesehene Notensystem übernommen worden, welches den in den anderen Ausbildungsbereichen üblichen Grundsätzen weitgehend entspricht. Ein anderes Bewertungssystem ist nicht zulässig.

§ 10

Bestehen und Wiederholung der Prüfung

(1) Die Prüfung ist bestanden, wenn jeder der nach § 2 Abs. 1 vorgeschriebenen Prüfungsteile bestanden ist.

(2) Über die bestandene staatliche Prüfung wird ein Zeugnis nach dem Muster der Anlage 4 erteilt. Über das Nichtbestehen erhält der Prüfling vom Vorsitzenden des Prüfungsausschusses eine schriftliche Mitteilung, in der die Prüfungsnoten anzugeben sind.

(3) Der Prüfling kann jede Aufsichtsarbeit der schriftlichen Prüfung und jedes Fach der mündlichen Prüfung sowie in der praktischen

Prüfung jede Fächergruppe des § 7 Abs. 1 und die Prüfung nach § 7 Abs. 2 einmal wiederholen, wenn er die Note "mangelhaft" oder "ungenügend" erhalten hat.

(4) Hat der Prüfling in der praktischen Prüfung eine Fächergruppe des § 7 Abs. 1, die Prüfung nach § 7 Abs. 2 oder die gesamte praktische Prüfung zu wiederholen, so darf er zur Wiederholungsprüfung nur zugelassen werden, wenn er an einer weiteren Ausbildung teilgenommen hat, deren Dauer und Inhalt vom Vorsitzenden des Prüfungsausschusses im Benehmen mit den Fachprüfern bestimmt werden. Die weitere Ausbildung nach Satz 1 darf einschließlich der für die Prüfung erforderlichen Zeit die Dauer von einem Jahr nicht überschreiten. Ein Nachweis über die weitere Ausbildung ist dem Antrag des Prüflings auf Zulassung zur Wiederholungsprüfung beizufügen. Die Wiederholungsprüfung muß spätestens zwölf Monate nach der letzten Prüfung abgeschlossen sein, in begründeten Fällen kann die zuständige Behörde Ausnahmen zulassen.

Voraussetzung für das Bestehen der staatlichen Prüfung ist, daß alle Teile der Prüfung bestanden wurden (Absatz 1). Dies ist der Fall, wenn der Prüfling in jedem Teil der Prüfung mindestens die Note 4 ("ausreichend") erzielt hat.

Im Falle des Bestehens der Prüfung erhält der Prüfling ein Zeugnis nach dem amtlichen Muster der Anlage 4, in dem die Prüfungsnoten einzutragen sind. Besteht der Prüfling nicht, so erhält er vom Vorsitzenden des Prüfungsausschusses eine Mitteilung mit den erforderlichen Angaben (Absatz 2 Satz 2).

Die schriftliche Prüfung, jedes Fach der mündlichen Prüfung sowie in der praktischen Prüfung jedes Fach nach § 7 Abs. 1, die Prüfung nach § 7 Abs. 2 oder die gesamte praktische Prüfung soll einmal wiederholt werden können (Absatz 3).

Einer weiteren Ausbildung muß sich der Prüfling unterziehen, der in einem Teil der praktischen Prüfung oder in der gesamten praktischen Prüfung versagt hat (Absatz 4 Satz 1). Um ungerechtfertigte Verzögerungen, die meist zu Lasten des Prüflings gehen, zu vermeiden, muß die Wiederholungsprüfung grundsätzlich spätestens zwölf Monate nach der letzten Prüfung abgeschlossen werden (Absatz 4 Satz 2 bis 4).

Eine allgemeine Vorschrift, wonach die Bewährung des Schülers wahrend der Ausbildung zu berücksichtigen ist, wurde nicht aufgenommen. Die einzelnen Prüfer, die nach Möglichkeit auch die Lehrkräfte der Prüflinge sein sollen (§ 3 Abs. 1) und den einzelnen Kandidaten daher kennen. Werden bei offensichtlicher Diskrepanz zwischen der Prüfungs- und der Ausbildungsleistung die Bewährung des Schülers während der Ausbildung zugunsten des Prüflings in die Wertung oder Leistung des Prüflings in den einzelnen Teilen und Fächern mit einfließen lassen

§ 11

Rücktritt von der Prüfung

(1) Tritt ein Prüfling nach seiner Zulassung von der Prüfung zurück, so hat er die Gründe für seinen Rücktritt unverzüglich dem Vorsitzenden des Prüfungsausschusses schriftlich mitzuteilen. Genehmigt der Vorsitzende den Rücktritt, so gilt die Prüfung als nicht unternommen. Die Genehmigung ist zu erteilen, wenn wichtige Gründe vorliegen. Im Falle einer Krankheit kann die Vorlage einer ärztlichen Bescheinigung verlangt werden.

(2) Wird die Genehmigung für den Rücktritt nicht erteilt oder unterläßt es der Prüfling, die Gründe für seinen Rücktritt unverzüglich mitzuteilen, so gilt die Prüfung als nicht bestanden. § 10 Abs. 3 gilt entsprechend.

§ 12

Versäumnisfolgen

(1) Versäumt ein Prüfling einen Prüfungstermin oder gibt er eine Aufsichtsarbeit nicht oder nicht rechtzeitig ab oder unterbricht er die Prüfung, so gilt die Prüfung als nicht bestanden, wenn nicht ein wichtiger Grund vorliegt; § 10 Abs. 3 gilt entsprechend. Liegt ein wichtiger Grund vor, so gilt die Prüfung als nicht unternommen.

(2) Die Entscheidung darüber, ob ein wichtiger Grund vorliegt, trifft der Vorsitzende des Prüfungsausschusses. § 1 Abs. 1 Satz 1 und 4 gilt entsprechend.

§ 13

Ordnungsverstöße und Täuschungsversuche

Der Vorsitzende des Prüfungsausschusses kann bei Prüflingen, die die ordnungsgemäße Durchführung der Prüfung in erheblichem Maße gestört oder sich eines Täuschungsversuches schuldig gemacht

haben, den betreffenden Teil der Prüfung für nicht bestanden erklären; § 10 Abs. 3 gilt entsprechend. Eine solche Entscheidung ist im Falle der Störung der Prüfung nur bis zum Abschluß der gesamten Prüfung, im Falle eines Täuschungsversuches nur innerhalb von drei Jahren nach Abschluß der Prüfung zulässig.

§ 14

Prüfungsunterlagen

Auf Antrag ist dem Prüfungsteilnehmer nach Abschluß der Prüfung Einsicht in seine Prüfungsunterlagen zu gewähren. Schriftliche Aufsichtsarbeiten sind drei, Anträge auf Zulassung zur Prüfung und Prüfungsniederschriften zehn Jahre aufzubewahren.

Die Vorschriften zu den §§ 11 bis 14 betreffen die Folgen des Rücktritts von der Prüfung, des Versäumens oder Nichteinhaltens eines Termins zur Prüfung oder zur Abgabe einer Prüfungsarbeit und von Ordnungsverstößen sowie die Einsichtnahme in die Prüfungsunterlagen und deren Aufbewahrung. Sie entsprechen den Vorschriften für andere nichtärztliche Heilberufe (vgl. hierzu die Kommentierung zu den §§ 8 bis 11 der Ausbildungs- und Prüfungsverordnung für Physiotherapeuten).

§ 15

Erlaubnisurkunde

Liegen die Voraussetzungen nach § 2 Abs. 1 des Masseur- und Physiotherapeutengesetzes für die Erteilung der Erlaubnis zur Führung der Berufsbezeichnung nach § 1 Nr. 1 des Gesetzes vor, so stellt die zuständige Behörde die Erlaubnisurkunde nach dem Muster der Anlage 5 aus.

Entsprechend der Ermächtigung in § 13 Abs. 1 des Masseur- und Physiotherapeutengesetzes wird ein amtliches Muster gemäß Anlage 5 für die Urkunde über die Erlaubnis zur Führung der Berufsbezeichnung vorgeschrieben.

§ 16

Sonderregelungen für Inhaber von Diplomen oder Prüfungszeugnissen aus einem anderen Mitgliedstaat der EU oder einem anderen Vertragsstaat des Abkommens über den Europäischen Wirtschaftsraum

(1) Antragsteller, die eine Erlaubnis nach § 1 Nr. 1 des Masseur- und Physiotherapeutengesetzes beantragen, können zum Nachweis, (laß die Voraussetzungen nach § 2 Abs. 1 Nr. 2 dieses Gesetzes vorliegen, eine von der zuständigen Behörde des Heimat- oder Herkunftstaates ausgestellte entsprechende Bescheinigung oder einen von einer solchen Behörde ausgestellten Strafregisterauszug oder, wenn ein solcher nicht beigebracht werden kann, einen gleichwertigen Nachweis vorlegen. Hat der Antragsteller den Beruf im Heimat- oder Herkunftstaat bereits ausgeübt, so kann die für die Erteilung der Erlaubnis zuständige Behörde bei der zuständigen Behörde des Heimat- oder Herkunftstaates Auskünfte über etwa gegen den Antragsteller verhängte Strafen oder sonstige berufs- oder strafrechtliche Maßnahmen wegen schwerwiegenden standeswidrigen Verhaltens oder strafbarer Handlungen, die die Ausübung des Berufs betreffen, einholen. Hat die für die Erteilung der Erlaubnis zuständige Behörde in den Fällen des Satzes 1 oder 2 von Tatbeständen Kenntnis, die außerhalb des Geltungsbereichs des Masseur- und Physiotherapeutengesetzes eingetreten sind und im Hinblick auf die Voraussetzungen des § 2 Abs. 1 Nr. 2 dieses Gesetzes von Bedeutung sein können, so hat sie die zuständige Stelle des Heimat- oder Herkunftstaates zu unterrichten und sie zu bitten, diese Tatbestände zu überprüfen und ihr das Ergebnis und die Folgerungen, die sie hinsichtlich der von ihr ausgestellten Bescheinigungen und Nachweise daraus zieht, mitzuteilen. Die in den Sätzen 1 bis 3 genannten Bescheinigungen und Mitteilungen sind vertraulich zu behandeln. Sie dürfen der Beurteilung nur zugrunde gelegt werden, wenn bei der Vorlage die Ausstellung nicht mehr als drei Monate zurückliegt.

(2) Antragsteller, die eine Erlaubnis nach § 1 Nr. 1 des Masseur- und Physiotherapeutengesetzes beantragen, können zum Nachweis, daß die Voraussetzungen nach § 2 Abs. 1 Nr. 3 dieses Gesetzes vorliegen, eine entsprechende Bescheinigung der zuständigen Behörde ihres Heimat- oder Herkunftstaates vorlegen. Absatz 1 Satz 4 und 5 gilt entsprechend.

(3) Antragsteller, die eine Erlaubnis nach § 1 Nr. 1 des Masseur- und Physiotherapeutengesetzes beantragen, können ihre im Heimat- oder Herkunftstaat bestehende rechtmäßige Ausbildungsbezeichnung und, soweit dies nach dem Recht des Heimat- oder Herkunftstaates zulässig ist, die Abkürzung in der Sprache dieses Staates führen. Daneben sind Name und Ort der Lehranstalt, die die Ausbildungsbezeichnung verliehen hat, aufzuführen.

(4) Über den Antrag eines Staatsangehörigen eines anderen Mitgliedstaates der Europäischen Union oder eines anderen Vertragsstaates des Abkommens über den Europäischen Wirtschaftsraum auf Erteilung der Erlaubnis nach § 1 Nr. 1 des Masseur- und Physiotherapeutengesetzes ist kurzfristig, spätestens vier Monate nach Vorlage der Nachweise über das Vorliegen der Voraussetzungen dieses Gesetzes zu entscheiden. Werden Auskünfte nach Absatz 1 Satz 2 oder 3 von der zuständigen Stelle des Heimat- oder Herkunftstaates eingeholt, so wird der Ablauf der in Satz 1 genannten Frist bis zu dem Zeitpunkt gehemmt, zu dem die Auskünfte eingehen oder, wenn eine Antwort des Heimat- oder Herkunftstaates innerhalb von vier Monaten nicht eingeht, bis zum Ablauf dieser vier Monate. Werden von der zuständigen Stelle des Heimat- oder Herkunftstaates die in Absatz 1 Satz 1 genannten Bescheinigungen nicht ausgestellt oder die nach Absatz 1 Satz 2 oder 3 nachgefragten Mitteilungen innerhalb von vier Monaten nicht gemacht, kann der Antragsteller sie durch Vorlage einer Bescheinigung über die Abgabe einer eidesstattlichen Erklärung gegenüber der zuständigen Behörde ersetzen.

Es handelt sich um die nach den Richtlinien 89/48/EWG vom 21. Dezember 1988 und 92/51/EWG vom 18. Juni 1992 erforderlichen Regelungen über das Verfahren bei der Erlaubniserteilung für Masseure und medizinische Bademeister, die Inhaber eines Diploms oder Prüfungszeugnisses aus einem anderen Mitgliedsstaat der EU oder einem anderen Vertragsstaat des Abkommens über den Europäischen Wirtschaftsraum sind.

Vergleiche dazu Erläuterungen zu § 21 PhvsTh-APrV.

Artikel 6
Inkrafttreten, Außerkrafttreten

Diese Verordnung tritt am Tage nach der Verkündung in Kraft. Gleichzeitig tritt, soweit sich nicht aus § 16 Abs. 2 des Masseur- und Physiotherapeutengesetzes etwas anderes ergibt, die Ausbildungs- und Prüfungsordnung für Masseure und für Masseure und medizi-

nische Bademeister vom 7. Dezember 1960 (BGBl. I S. 880), zuletzt geändert durch Anlage 1 Kapitel X Sachgebiet D Abschnitt II Nr. 14 des Einigungsvertrages vom 31. August 1990 in Verbindung mit Artikel 1 des Gesetzes vom 23. September 1990 (BGBl. I990 S. 885, 1080), außer Kraft.

Artikel 6 der Verordnung über die Ausbildung und Prüfung von Masseuren und medizinischen Bademeistern und zur Änderung verschiedener Ausbildungs- und Prüfungsverordnungen betreffend andere Heilberufe (Heil BÄndV) vom 6. Dezember 1994 (BGBl. I S. 3770) regelt das Inkrafttreten der Verordnung und das Außerkrafttreten der bisher geltenden Ausbildungs- und Prüfungsverordnung. Ausbildungen, die vor dem Inkrafttreten der Verordnung begonnen wurden, sind nach den bisherigen Vorschriften abzuschließen (§ 16 Abs. 2 MPhG).

Die Verordnung ist am 21 Dezember 1994 in Kraft getreten Sie gilt nur für Ausbildungen, die ab 1. Juni 1994 (Inkrafttreten des MPhG) nach neuem Recht durchgeführt werden.

Anlage 1
(zu Artikel 1 § 1 Abs. 1)

A Theoretischer und praktischer Unterricht

		Stunden
1	**Berufs-, Gesetzes- und Staatskunde**	**40**
1.1	Berufskunde und Ethik, Geschichte des Berufs	
1.2	Das Gesundheitswesen in der Bundesrepublik Deutschland und internationale Zusammenarbeit im Gesundheitswesen einschließlich der Gesundheitsprogramme internationaler Organisationen wie insbesondere Weltgesundheitsorganisation und Europarat	
1.3	Aktuelle berufs- und gesundheitspolitische Fragen	
1.4	Masseur- und Physiotherapeutengesetz; gesetzliche Regelungen für die sonstigen Berufe des Gesundheitswesens und ihre Abgrenzung zueinander	
1.5	Arbeits- und berufsrechtliche Regelungen, soweit sie für die Berufsausübung von Bedeutung sind	
1.6	Unfallverhütung, Mutterschutz, Arbeitsschutz, Jugendhilfe, Jugendschutz	
1.7	Einführung in das Krankenhaus-. Seuchen-, Strahlenschutz-. Arznei- und Betäubungsmittelrecht	
1.8	Strafrechtliche, bürgerlich-rechtliche und öffentlich-rechtliche Vorschriften, die bei der Berufsausübung von Bedeutung sind; Rechtsstellung des Patienten oder seiner Sorgeberechtigten	
1.9	Sozialpolitik einschließlich Einführung in die Systeme der sozialen Sicherung (Sozialversicherung, Sozialhilfe, Sozialstaatsangebote in der praktischen Realisierung)	
1.10	Die Grundlagen der staatlichen Ordnung in der Bundesrepublik Deutschland	
2	**Anatomie**	**240**
2.1	Allgemeine Anatomie	

2.1.1 Begriffsbestimmung und anatomische Nomenklatur
2.1.2 Achsen, Ebenen, Orientierungssystem
2.1.3 Allgemeine Zytologie
2.1.4 Allgemeine Histologie
2.1.5 Aufbau des Skelettsystems und allgemeine Gelenklehre
2.2 Funktionelle Anatomie des Bewegungssystems
2.2.1 Allgemeine funktionelle Aspekte der Bewegungsorgane
2.2.2 Palpation der Bewegungsorgane
2.2.3 Spezielle funktionelle Aspekte des Schultergürtels und der oberen Extremitäten
2.2.4 Spezielle funktionelle Aspekte des Beckens und der unteren Extremitäten
2.2.5 Spezielle funktionelle Aspekte der Wirbelsäule und des Kopfes
2.3 Anatomie der inneren Organe
2.3.1 Überblick über die inneren Organe
2.3.2 Herz-Kreislaufsystem
2.3.3 Respirationssystem
2.3.4 Blut- und Abwehrsystem
2.3.5 Verdauungssystem
2.3.6 Urogenitalsystem
2.3.7 Endokrines System
2.4 Anatomie des Nervensystems und der Sinnesorgane
2.4.1 Einführung in das Nervensystem
2.4.2 Makroskopische Anatomie des Nervensystems
2.4.3 Zentrales Nervensystem
2.4.4 Peripheres Nervensystem
2.4.5 Vegetatives Nervensystem
2.4.6 Funktionelle Anatomie des Nervensystems
2.4.7 Anatomie der Sinnesorgane und der Haut

3	**Physiologie**	**90**
3.1	Herz-Kreislaufsystem	
3.2	Stoffwechsel	
3.3	Endokrines System	
3.4	Respirationssystem	
3.5	Nerven- und Sinnessystem	
3.6	Haltungs- und Bewegungssystem	
3.7	Physiologische Mechanismen der Infekt- und Immunabwehr	
3.8	Zusammenwirken der Systeme	
4	**Allgemeine Krankheitslehre**	**30**
4.1	Pathologie der Zelle	
4.2	Krankheit und Krankheitsursachen	
4.3	Krankheitsverlauf und -symptome	
4.4	Entzündungen und Ödeme	
4.5	Degenerative Veränderungen	
4.6	Wachstum und seine Störungen, gutartige und bösartige Neubildungen	
4.7	Störungen der immunologischen Reaktionen	
4.8	Örtliche und allgemeine Kreislaufstörungen, Blutungen	
4.9	Störungen des Gasaustausches und der Sauerstoffversorgung	
5	**Spezielle Krankheitslehre**	**360**
5.1	Innere Medizin	
5.2	Orthopädie/Traumatologie	
5.3	Chirurgie/Traumatologie	
5.4	Neurologie	
5.5	Psychiatrie	
5.6	Gynäkologie und Geburtshilfe	
5.7	Pädiatrie	
5.8	Dermatologie	

5.9 Geriatrie
5.10 Rheumatologie
5.11 Arbeitsmedizin
5.12 Sportmedizin

6 Hygiene **30**

6.1 Allgemeine Hygiene und Umweltschutz
6.2 Persönliche Hygiene
6.3 Bakteriologie, Virologie und Parasitologie
6.4 Verhütung und Bekämpfung von Infektionen
6.5 Desinfektion, Sterilisation
6.6 Wasserhygiene

7 Erste Hilfe und Verbandtechnik **30**

7.1 Allgemeines Verhalten bei Notfällen
7.2 Erstversorgung von Verletzten
7.3 Blutstillung und Wundversorgung
7.4 Maßnahmen bei Schockzuständen und Wiederbelebung
7.5 Versorgung von Knochenbrüchen
7.6 Transport von Verletzten
7.7 Verhalten bei Arbeitsunfällen
7.8 Verbandtechniken

8 Angewandte Physik und Biomechanik **20**

8.1 Einführung in die Grundlagen der Kinematik
8.2 Einführung in die Grundlagen der Dynamik
8.3 Einführung in die Grundlagen der Statik

9 Sprache und Schrifttum **20**

9.1 Vortrag und Diskussion, Dokumentation
9.2 Mündliche und schriftliche Berichterstattung
9.3 Benutzung und Auswertung deutscher und fremdsprachlicher Fachliteratur
9.4 Einführung in fachbezogene Terminologie

10 Psychologie/Pädagogik/Soziologie **60**

10.1 Psychologie

10.1. Der Mensch in seiner psychosomatischen Einheit

10.1.2 Der Therapeut im Prozeß der Patientenführung, Einführung in die Persönlichkeitspsychologie

10.1.3 Psychologische Probleme spezieller Patientengruppen, insbesondere akut Erkrankter, chronisch Kranker, Kranker mit infauster Prognose, Kinder, Psychische Besonderheiten Alterskranker und Behinderter

10.1.4 Einführung in die Gruppendynamik im Therapieprozeß

10.1.5 Gesprächsführung, Supervision

10.2 Pädagogik

10.2.1 Grundlagen der Pädagogik

10.2.2 Einführung in die Sonderpädagogik

10.3 Soziologie

10.3.1 Grundlagen der Soziologie

10.3.2 Soziales Umfeld - Krankheitserleben

10.3.3 Soziale Stellung - Einfluß auf die Krankheitsentwicklung und -bewältigung

11 Prävention und Rehabilitation **20**

11.1 Grundlagen und Stellung der Prävention

11.2 Gesundheitsgerechtes Verhalten und Gesundheitsförderung

11.3 Grundlagen der Rehabilitation

11.4 Einrichtungen der Rehabilitation und ihrer Fachkräfte

11.5 Medizinische, berufliche und soziale Rehabilitation

11.6 Rehabilitationsplanung und -durchführung im interdisziplinären Team

12 Bewegungserziehung **30**

12.1 Grundformen der Bewegung mit und ohne Gerät

	12.2	Bewegungserfahrung in bezug auf Raum, Zeit und Dynamik	
	12.3	Kombinationen von Grundformen der Bewegungserziehung aus Gymnastik und Sport	
13	**Physikalisch-therapeutische Befundtechniken**		**60**
	13.1	Einrührung in die Befunderhebung	
	13.2	Techniken der Befunderhebung	
14	**Klassische Massagetherapie**		**300**
	14.1	Geschichte und Grundlagen der Massagetherapie	
	14.2	Technik und Wirkung der Griffe	
	14.3	Wirkungen der klassischen Massagetherapie	
	14.4	Sicht- und Tastbefund	
	14.5	Klassische Massagetherapie in Verbindung mit anderen physikalisch-therapeutischen Verfahren	
	14.6	Indikationen nach Krankheitsbildern, Kontraindikationen	
	14.7	Behandlungsdauer, -intervalle und -intensität	
15	**Reflexzonentherapie**		**150**
	15.1	Techniken und Wirkungen der Reflexzonentherapie	
	15.2	Entstehung von Reflexzonen in Haut, Bindegewebe und Muskulatur und ihre Störungen	
	15.3	Sicht- und Tastbefund	
	15.4	Reflexzonentherapie in Verbindung mit anderen physikalisch-therapeutischen Verfahren	
	15.5	Indikationen nach Krankheitsbildern, Kontraindikationen	
	15.6	Behandlungsdauer, -Intervalle und -Intensität	
16	**Sonderformen der Massagetherapie**		**200**
	16.1	Grundlage der manuellen Lymphdrainage/ Komplexe physikalische Entstauungstherapie	
	16.2	Unterwasserdruckstrahlmassage	
	16.3	Colon-, Periost- und Segmenttherapie	

16.4 Tiefenfriktion

16.5 Sportmassage

16.6 Fußreflexzonentherapie

16.7 Apparative Massagetechniken, insbesondere Stäbchen, Saugwelle, Vibrationsgeräte

16.8 Sonstige Massagetechniken

16.9 Indikationen nach Krankheitsbildern, Kontraindikationen

16.10 Behandlungsdauer, -intervalle und -intensität

16.11 Sonderformen der Massagetherapie in Verbindung mit anderen physikalisch-therapeutischen Verfahren

17 Übungsbehandlung im Rahmen der Massage und anderer physikalisch-therapeutischer Verfahren 150

17.1 Aufgaben der Masseure und medizinischen Bademeister im Rahmen der Übungsbehandlung

17.2 Grundlagen der Übungsbehandlung, Befundaufnahme

17.3 Techniken und Wirkungen der passiven und aktiven Übungsbehandlung

17.4 Indikationen nach Krankheitsbildern, Kontraindikationen

17.5 Übungsbehandlung in Verbindung mit anderen physikalisch-therapeutischen Verfahren

18 Elektro-, Licht- und Strahlentherapie 150

18.1 Physikalische und physiologische Grundlagen der Elektro-, Licht- und Strahlentherapie

18.2 Elektrotherapie 82

18.2.1 Stromformen (Niederfrequenz, Mittelfrequenz, Hochfrequenz)

18.2.2 Ultraschalltherapie

18.2.3 Hydroelektrische Bäder

18.2.4 Iontophorese

18.2.5 Elektrodiagnostik

18.3 Lichttherapie, UV-Bestrahlungen

18.4 Strahlentherapie

18.5 Indikationen nach Krankheitsbildern, Kontraindikationen

18.6 Behandlungsdauer, -intervalle und -intensität

18.7 Sicherheitsvorschriften für den Gebrauch elektromedizinischer Geräte

18.8 Elektro-, Licht- und Strahlentherapie in Verbindung mit anderen physikalisch-therapeutischen Verfahren

19 Hydro-, Balneo-, Thermo- und Inhalationstherapie **150**

19.1 Physikalische und physiologische Grundlagen

19.2 Hydrotherapeutische Anwendungen und ihre Wirkungen, insbesondere kneippsche Verfahren

19.3 Medizinische Bäder mit festen, flüssigen und gasförmigen medizinischen Zusätzen

19.4 Spezielle Verfahren der Bäderheilkunde und ihre Wirkungen

19.5 Wärmetherapie mit gestrahlter und geleiteter Wärme

19.6 Wärmepackungen und Wärmekompressen

19.7 Kryotherapie

19.8 Indikationen nach Krankheitsbildern, Kontraindikationen

19.9 Behandlungsdauer, -intervalle und -intensität

19.10 Grundlagen der Kurort- und Klimatherapie

19.11 Grundlagen der Inhalationstherapie

19.12 Hydro-, Balneo-, Thermo- und Inhalationstherapie in Verbindung mit anderen physikalischtherapeutischen Verfahren

Zur Verteilung auf die Fächer 1 bis 19 **100**

Stundenzahl insgesamt **2 230**

B Praktische Ausbildung für Masseure und medizinische Bademeister

Praktische Ausbildung in Krankenhäusern oder anderen geeigneten medizinischen Einrichtungen:

1. Klassische Massagetherapie
2. Reflexzonentherapie
3. Sonderformen der Massagetherapie
4. Übungsbehandlung im Rahmen der Massage und anderer physikalisch-therapeutischer Verfahren
5. Elektro-, Licht- und Strahlentherapie
6. Hydro-, Balneo-, Thermo- und Inhalationstherapie

Mindeststunden	**800**

Anlage 2
(zu Artikel 1 § 1 Abs. 3)

____
(Bezeichnung der Schule)

Bescheinigung
über die Teilnahme am Lehrgang in der Massage

Name, Vorname

____

Geburtsdatum Geburtsort

____

hat in der Zeit vom ____________________ bis ____________________

regelmäßig und mit Erfolg an dem theoretischen Unterricht und der praktischen Ausbildung für Masseure und medizinische Bademeister gemäß § 4 Abs. 1 und 2 / § 18 Satz 1 *) des Masseur- und Physiotherapeutengesetzes teilgenommen.

Die Ausbildung ist – nicht – über die nach dem Masseur- und Physiotherapeutengesetz zulässigen Fehlzeiten hinaus – um _______ Tage *) – unterbrochen worden.

Ort, Datum

____________________________________ (Stempel)

____
(Unterschrift(en) der Schulleitung)

*) Nichtzutreffendes streichen

Anlage 3
(zu Artikel 1 § 1 Abs. 6)

____
(Bezeichnung der Schule)

Bescheinigung über die Ableistung der praktischen Tätigkeit

Name, Vorname

____
Geburtsdatum Geburtsort

____

hat in der Zeit vom ______________ bis ____________________

im Rahmen der Ausbildung für Masseure und medizinische Bademeister nach § 7 Abs. 1 des Masseur- und Physiotherapeutengesetzes erfolgreich als Praktikant tätig gewesen.

Die praktische Tätigkeit ist – nicht – über die nach dem Masseur- und Physiotherapeutengesetz zulässigen Fehlzeiten hinaus – um __________ Tage *) – unterbrochen worden.

Ort, Datum

____

____
(Unterschrift(en) der Schulleitung)(Unterschrift des Masseurs und medizinischen Bademeisters,
Krankengymnasten oder
Physiotherapeuten)

*) Nichtzutreffendes streichen

Anlage 4
(zu Artikel 1 § 10 Abs. 2)

Der Vorsitzende
des Prüfungsausschusses

Zeugnis
über die staatliche Prüfung
für Masseure und medizinische Bademeister

Name, Vorname

____

Geburtsdatum Geburtsort

____

hat amdie staatliche Prüfung nach § 4 Abs. 2, Satz 2 des Masseur- und Physiotherapeutengesetzes vor dem staatlichen Prüfungsausschuß bei der ____________ in ____________ bestanden.

Sie/Er hat folgende Prüfungsnoten erhalten:

1. im schriftlichen Teil der Prüfung "____________"
2. im schriftlichen Teil der Prüfung "____________"
3. im schriftlichen Teil der Prüfung "____________"

Ort, Datum

______________________________ (Siegel)

____

(Unterschrift des Vorsitzenden des Prüfungsausschusses)

Anlage 5
(zu Artikel 1 § 15)

Urkunde
über die Erlaubnis zur Führung der Berufsbezeichnung

"____"

Name, Vorname

____

____

geboren am in

erhält auf Grund des Masseur- und Physiotherapeutengesetzes mit Wirkung vom heutigen Tage die Erlaubnis, die Berufsbezeichnung

"____"

zu führen.

Ort, Datum

________________________________ (Siegel)

____

(Unterschrifl)

– Ausbildungs- und Prüfungsverordnung für Physiotherapeuten (PhysTh-APrV) Vom 6. Dezember 1994 (BGBl. I S. 3786), zuletzt geändert durch Art. 3 Abs. 19 des Gesetzes vom 19. Februar 2007 (BGBl. I S. 122)

Abschnitt 1 Allgemeine Vorschriften

§1

Ausbildung

(1) Die dreijährige Ausbildung der Physiotherapeuten umfaßt mindestens den in der Anlage 1 aufgeführten theoretischen und praktischen Unterricht von 2900 Stunden und die aufgeführte praktische Ausbildung von 1600 Stunden. In den Fällen des § 12 Abs. 2 des Masseur- und Physiotherapeutengesetzes und für Umschüler nach § 18 Satz 2 des Gesetzes sind die Stundenzahlen entsprechend zu verringern, wobei sich der Unterricht auf alle Fächer der Anlage 1 erstrecken muß.

(2) Die nach § 12 Abs. 1 Satz 1 und 2 des Masseur- und Physiotherapeutengesetzes verkürzte Ausbildung zum Physiotherapeuten umfaßt mindestens den in der Anlage 2 aufgeführten theoretischen und praktischen Unterricht von 1400 Stunden und die aufgeführte praktische Ausbildung von 700 Stunden. Die nach § 12 Abs. 1 Satz 3 des Gesetzes verkürzte Ausbildung umfaßt mindestens den in der Anlage 3 aufgeführten theoretischen und praktischen Unterricht von 1000 Stunden und die aufgeführte praktische Ausbildung von 400 Stunden. Der theoretische Unterricht kann in dem in Anlage 2 und 3 vorgeschriebenen Umfang auch in Form von Fernunterricht, der unter der Verantwortung der Schule steht, durchgeführt werden. Soweit der Fernunterricht von einem Dritten durchgeführt wird, ist er mit der Schule abzustimmen.

(3) Im Unterricht muß den Schülern ausreichende Möglichkeit gegeben werden, die erforderlichen praktischen Fähigkeiten und Fertigkeiten zu entwickeln und einzuüben. Die praktische Ausbildung findet am Patienten statt.

(4) Die regelmäßige und erfolgreiche Teilnahme an den Ausbildungsveranstaltungen nach Absatz 1 oder 2 ist durch eine Bescheinigung

nach dem Muster der Anlage 4 nachzuweisen. Im Falle des Fernunterrichts nach Absatz 2 Satz 4 ist der Bescheinigung nach Satz 1 eine Bescheinigung des Fernlehrinstituts beizufügen, aus der sich die erfolgreiche Teilnahme am Fernunterricht ergibt.

Der Bundesminister für Gesundheit regelt mit dieser Verordnung das Nähere über die Ausbildung und die staatliche Prüfung. Er hat dazu die Ermächtigung nach § 13 Abs. 2 und 3 in Verbindung mit § 12 Abs. 1 Satz 8 und 9 des Masseur- und Physiotherapeutengesetzes. Die Verordnung löst die geltende Ausbildungs- und Prüfungsordnung für Krankengymnasten vom 7. Dezember 1960 (BGBl. I. S. 885) ah.

Die Stundenzahlen in Absatz 1 und 2 sind Mindestanforderungen, die an die Ausbildung zu stellen sind. In den Anlagen 1 bis 3 sind unter Angabe der Stundenzahlen die Unterrichts- und Ausbildungsveranstaltungen aufgeführt, deren regelmäßiger und erfolgreicher Besuch für die Zulassung zur Prüfung nachzuweisen ist. Um eine umfassende praktische Ausbildung zu gewährleisten, wurden auch Mindeststundenzahlen für die jeweiligen Bereiche der praktischen Ausbildung festgeschrieben. Die Verordnung regelt nichts über die Dauer einer "Stunde". Es handelt sich aber um eine schulisch angelegte Ausbildung. Eine Unterrichtsstunde (Unterrichtseinheit) während einer schulischen Ausbildung umfaßt im allgemeinen 45 Minuten.

Absatz 2 sowie die Anlagen 2 und 3 beziehen sich nur auf die nach § 12 Abs. 1 des Gesetzes verkürzte Ausbildung von Masseuren und medizinischen Bademeistern zu Physiotherapeuten. 1-herbei bietet Satz 3 die Möglichkeit, den theoretischen Unterricht in Form von Fernunterricht durchzuführen. Der Umfang des theoretischen Unterrichts ist für diesen Fall in den Anlagen 2 und 3 festgelegt. Die Schule trägt für die ordnungsgemäße Durchführung des Fernunterrichts die Verantwortung.

In Interesse eines größeren Organisations- und Dispositionsrahmens der Schulen wurde darauf verzichtet, die Ausbildungsinhalte selbst zeitlich und sachlich den einzelnen Ausbildungsjahren zuzuordnen. Für die dreijährige Ausbildung sind im Rahmen der praktischen Ausbildung eine bestimmte Anzahl Stunden zur freien Verteilung auf die medizinischen Fachgebiete, in denen die Ausbildung erfolgen soll, vorgesehen. Damit soll eine möglichst praxisnahe Ausbildung gewährleistet und den unterschiedlichen Möglichkeiten der Schulen Rechnung getragen werden. Für die verkürzten Ausbildungen nach Abs. 2 sind im Rahmen des theoretischen und praktischen Unterrichts ebenfalls Stunden zur freien Verteilung vorgesehen. Diese dienen speziell Masseuren und medizinischen Bademeistern mit einer Ausbildung nach dem alten Masseur- und Krankengymnastengesetz zur Vorbereitung auf die Ergänzungsprüfung.

Für Umschüler sieht Absatz 1 Satz 2 eine Verkürzung der Mindeststundenzahlen vor. Diese ist in Relation zur Gesamtdauer der dreijährigen Ausbildung zu setzen. Dabei ist so zu verfahren, daß der Unterricht sich auf alle Fächer in der Anlage 1 erstreckt, die Stundenzahlender einzelnen Fächer jedoch entsprechend zu reduzieren sind.

Absatz 3 Satz 1 soll sicherstellen, daß im Rahmen der Unterrichtsveranstaltungen die praktischen Unterrichtsanteile nicht vernachlässigt werden, ohne eine bestimmte Stundenzahl für den praktischen Unterricht festzuschreiben.

Absatz 3 Satz 2 Satz regelt, daß die praktische Ausbildung überwiegend am Patienten erfolgen soll. Damit soll deutlich gemacht werden, daß die praktische Arbeit des Physiotherapeuten nicht nur die Arbeit mit dem Patienten, sondern auch andere vor- und nachbereitende Tätigkeiten wie zum Beispiel Dokumentation oder Gerätepflege umfaßt.

Absatz 4 regelt den Nachweis der erfolgreichen und regelmäßigen Teilnahme an den vorgeschriebenen Ausbildungsveranstaltungen nach § 9. § 12 Abs. 1 Satz 1 oder § 12 Abs. 1 Satz 2 des Gesetzes und verweist auf das in der Anlage 4 vorgeschriebene amtliche Muster der vom Schüler für den jeweiligen Ausbildungsgang beizubringenden Bescheinigung der Schule.

Die Auslegung der unbestimmten Rechtsbegriffe "regelmäßig" und "erfolgreich" steht im pflichtgemäßen Ermessen der Schule, wobei die Voraussetzung der Regelmäßigkeit in allgemeinen erfüllt ist, wenn normale Fehlzeiten nicht oder nur unwesentlich überschritten sind. Erfolgreich ist die Teilnahme, wenn die zu beobachtenden Leistungen des Schülers seine grundsätzliche Geeignetheit für den angestrebten Beruf erkennen und das Bestehen der Prüfung erwarten lassen. Liegen diese Voraussetzungen im Einzellfall nicht vor oder bestehen begründete Zweifel, so kann die Bescheinigung auch versagt werden, so daß unter Umständen eine Verlängerung der Ausbildungszeit erforderlich wird.

Die Art und Weise der Feststellung einer erfolgreichen Teilnahme ist der Schule überlassen. Sie kann zu dem Zweck auch bestimmte Leistungskontrollen durchführen oder das Erreichen bestimmter Noten in Nichtprüfungsfächern als Voraussetzung für die Erteilung der Bescheinigung festschreiben. Eine allgemeine Grundlage für die Beurteilung der erfolgreichen und regelmäßigen Teilnahme an den vorgeschriebenen Ausbildungsveranstaltungen bilden aber insbesondere die Aufzeichnungen, die die Schule während der Ausbildung über jeden Schüler führt.

§2

Staatliche Prüfung

(1) Die staatliche Prüfung für die Ausbildungen nach § 9 und § 12 Abs. 1 des Masseur- und Physiotherapeutengesetzes umfaßt jeweils einen schriftlichen, einen mündlichen und einen praktischen Teil. Die Prüfung für die Ausbildungen nach § 12 Abs. 1 des Gesetzes besteht aus einer Ergänzungsprüfung, die in zwei Teilabschnitten abgelegt werden kann.

(2) Der Prüfling legt die Prüfung bei der Schule für Physiotherapeuten (Schule) ab, an der er die Ausbildung abschließt. Die zuständige Behörde, in deren Bereich die Prüfung oder ein Teil der Prüfung abgelegt werden soll, kann aus wichtigem Grund Ausnahmen zulassen. Die Vorsitzenden der beteiligten Prüfungsausschüsse sind vorher zu hören.

Die staatliche Prüfung für die Ausbildungen nach § 9 und § 12 Abs. 1 des Gesetzes gliedert sich in einen schriftlichen, einen mündlichen und einen praktischen Teil (Absatz 1 Satz 1). Die Fächer, auf die sich die Prüfung erstreckt, sind in den §§ 12 und 13, 15, 16, 18, 19, die Aufgaben für den praktischen Teil der Prüfung in den §§ 14, 17, 19 festgelegt.

Für die verkürzten Ausbildungen der Masseure und medizinischen Bademeister nach § 1 Abs. 2 ist nur eine Ergänzungsprüfung vorgeschrieben. Hierbei ist aufgrund des § 12 Abs. 1 Satz 9 des Gesetzes ausnahmsweise die Möglichkeit vorgesehen, die Prüfung in zwei Teilabschnitten abzulegen.

Die Einführung einer Zwischenprüfung auch für die dreijährige Ausbildung scheitert insbesondere an den begrenzten personellen Kapazitäten bei der Einrichtung von Prüfungsausschüssen sowie an dem Erfordernis, daß auch die Zwischenprüfung eine staatliche sein müßte, wenn in ihr einzelne Fächer abschließend geprüft werden sollten. Darüber hinaus würden durch den erhöhten Verwaltungsaufwand zusätzliche Kosten entstehen Absatz 2 schließt den Wechsel der Schule vor Abschluß der Ausbildung nicht aus. Die Prüfung ist jedoch grundsätzlich bei der Schule abzulegen, an der die Ausbildung abgeschlossen wurde.

Über Ausnahmen von diesem Grundsatz entscheidet die zuständige Behörde nach pflichtgemäßem Ermessen unter Anhörung der beteiligten Prüfungsausschüsse. Als wichtigen Grund für die Ablegung der Prüfung vor einem anderen Prüfungsausschuß könnte die Behörde beispielsweise eine vom Prüfling geltend gemachte persönliche Befangenheit eines oder mehrerer Prüfer anerkennen. Ob Wohnungswechsel cm wichtiger Grund sein kann, dürfte davon abhängen, oh dem Prüfling die Anwesenheit am Ort der Schule während der Prüfungszeit zugemutet werden kann oder nicht.

§ 3

Prüfungsausschuß

(1) Bei jeder Schule wird ein Prüfungsausschuß gebildet, der aus folgenden Mitgliedern besteht:

1. einem Medizinalbeamten der zuständigen Behörde oder einem von der zuständigen Behörde mit der Wahrnehmung dieser Aufgabe Beauftragten als Vorsitzenden,
2. einem Beauftragten der Schulverwaltung, wenn die Schule nach den Schulgesetzen eines Landes der staatlichen Aufsicht durch die Schulverwaltung untersteht,
3. folgenden Fachprüfern:
   a) mindestens einem Arzt,
   b) mindestens einem an der Schule unterrichtenden Physiotherapeuten oder Krankengymnasten oder einem Diplom-Medizinpädagogen oder Medizinpädagogen mit einer abgeschlossenen Ausbildung als Physiotherapeut,
   c) weiteren an der Schule tätigen Unterrichtskräften entsprechend den zu prüfenden Fächern;

   dem Prüfungsausschuß sollen diejenigen Fachprüfer angehören, die den Prüfling in dem Prüfungsfach überwiegend ausgebildet haben.

(2) Die zuständige Behörde kann abweichend von Absatz 1 Nr. 1 einen dem Prüfungsausschuß angehörenden Beauftragten der Schulverwaltung zum Vorsitzenden bestellen.

(3) Jedes Mitglied des Prüfungsausschusses hat einen oder mehrere Stellvertreter. Die zuständige Behörde bestellt den Vorsitzenden des

Prüfungsausschusses und nach Anhörung der Schulleitung die Fachprüfer und deren Stellvertreter für die einzelnen Fächer.

(4) Die zuständige Behörde kann Sachverständige und Beobachter zur Teilnahme an allen Prüfungsvorgängen entsenden.

Die Vorschrift regelt Bildung und Zusammensetzung des Prüfungsausschusses. Der Vorsitzende des Prüfungsausschusses sollte, da es sich um eine staatliche Prüfung in einem medizinischen Beruf handelt, ein Arzt sein, der entweder Medizinalbeamter ist oder von der Behörde eigens als Vorsitzender berufen wird (Absatz. 1 Nr. 1 erste Alternative). Es besteht jedoch auch die Möglichkeit, eine andere fachlich geeignete Person mit der Wahrnehmung der Aufgaben des Prüfungsausschußvorsitzenden zu beauftragen (Absatz 1 Nr. 1 zweite Alternative).

Absatz 1 Nr. 2 (Beauftragter der Schulverwaltung) stellt eine von den Ländern geforderte Sonderregelung dar, die den besonderen Verwaltungsverhältnissen einiger Länder Rechnung trägt (Unterstellung der Schulen für Physiotherapeuten unter das jeweilige Landesschulrecht).

Absatz 1 Nr. 3 benennt die in den Prüfungsausschuß zu berufenden Fachprüfer. Ihre Auswahl bestimmt sich durch die Unterrichtung der zu prüfenden Fächer. Als Fachprüfer sollte in jedem Fall ein erfahrener Arzt eingesetzt werden. Außerdem muß mindestens eine an der Schule unter-richtende Physiotherapeutin (Physiotherapeut) oder Krankengymnastin (Krankengymnast) in den Prüfungsausschuß berufen werden. In den neuen Bundesländern wird dies überwiegend ein Diplom-Medizinpädagoge oder Medizinpädagoge mit einer abgeschlossenen Ausbildung als Physiotherapeut sein.

Weitere Fachprüfer sind andere an der Schule tätige Unterrichtskräfte, wie bestimmte Dozenten z.B. für Berufs-, Gesetzes- und Staatskunde, Sprache und Schrifttum und andere Fächer.

Die Möglichkeit, einen Beauftragten der Schulverwaltung anstelle eines beamteten oder behördlich mit der Wahrnehmung dieser Aufgabe Beauftragten zum Vorsitzenden des Prüfungsausschusses zu bestellen, berücksichtigt, daß Schulen für Physiotherapeuten dem Schulrecht eines Landes unterliegen können (Absatz 2).

Damit auch im Fall der Verhinderung eines Mitglieds des Prüfungsausschusses dessen Funktionsfähigkeit und Einsatzbereitschaft gewährleistet ist, hat die zuständige Behörde je nach Belastung des einzelnen Ausschußmitglieds für dieses einen oder mehrere Stellvertreter zu bestellen

(Absatz 3). Die Fachprüfer (und ihre Stellvertreter) sind unter Beteiligung der Schulleitung zu berufen. Auf Vorschlag der Schulleitung bestimmt der Vorsitzende, für welches Fach der einzelne Fachprüfer zuständig ist.

Die zuständige Behörde kann nach freiem Ermessen Sachverständige und Beobachter, z.B. die leitende Unterrichtskraft, sofern diese nicht bereits Mitglied des Prüfungsausschuß ist, zur Teilnahme an den Prüfungsvorgängen entsenden (Absatz 4). Diese nicht dem Prüfungsausschuß angehörenden Personen können nur passiv teilnehmen, zumindest in Bezug auf den Prüfling. Ein aktives Eingreifen in das Prüfungsgeschehen, z.B. durch Stellen von Fragen an den Prüfling im mündlichen oder praktischen Teil der Prüfung, ist ihnen nicht erlaubt.

§ 4

Zulassung zur Prüfung

(1) Der Vorsitzende entscheidet auf Antrag des Prüflings über die Zulassung zur Prüfung und setzt die Prüfungstermine im Benehmen mit der Schulleitung fest. Der Prüfungsbeginn soll nicht früher als zwei Monate vor dem Ende der Ausbildung liegen. Wird die Prüfung als Ergänzungsprüfung und in Teilabschnitten abgelegt, darf der Termin für den ersten Abschnitt der Prüfung nicht vor dem Abschluß des theoretischen und praktischen Unterrichts liegen. Der zweite Abschnitt der Prüfung darf erst nach dem Abschluß der praktischen Ausbildung durchgeführt werden.

(2) Die Zulassung zur Prüfung wird erteilt, wenn folgende Nachweise vorliegen:

1. **die Geburtsurkunde oder ein Auszug aus dem Familienbuch der Eltern, bei Verheirateten die Heiratsurkunde oder ein Auszug aus dem für die Ehe geführten Familienbuch,**
2. **die Bescheinigung nach § 1 Abs. 4 über die Teilnahme an den Ausbildungsveranstaltungen. Aus der Bescheinigung muß sich für die Prüflinge, die die Ergänzungsprüfung in Teilabschnitten ablegen wollen, ergeben, daß sie die nach Absatz 1 Satz 3 und 4 erforderlichen Voraussetzungen für die Teilnahme an dem jeweiligen Abschnitt erfüllen.**

(3) Die Zulassung sowie die Prüfungstermine sollen dem Prüfling spätestens zwei Wochen vor Prüfungsbeginn schriftlich mitgeteilt werden.

(4) Die besonderen Belange behinderter Prüflinge sind zur Wahrung ihrer Chancengleichheit bei Durchführung der Prüfungen zu berücksichtigen.

Die Entscheidung über die Zulassung zur Prüfung trifft aufgrund seiner Leitungsfunktion der Vorsitzende des Prüfungsausschusses im Benehmen mit der Leitung der Schule (Absatz 1 Satz 1). Diese Entscheidung ist ein Verwaltungsakt; die Nichtzulassung der Prüfung kann durch Widerspruch und Klage vor dem Verwaltungsgericht angefochten werden.

Im Benehmen mit der Schulleitung setzt der Vorsitzende auch die Termine für die Prüfungen fest. "Im Benehmen" heißt nicht, daß der Vorsitzende an die Zustimmung der Schulleitung gebunden wäre.

Der Antrag auf Zulassung zur Prüfung ist an den Vorsitzenden des Prüfungsausschusses zu richten. Einzureichen ist der Antrag bei der Schulleitung zu einem von ihr festgesetzten Termin. Diese hat den Antrag so rechtzeitig weiterzuleiten, daß dem Prüfling Wochen vor Prüfungsbeginn die Zulassung mitgeteilt werden kann (siehe Absatz 3). Die Verantwortung dafür, daß der Antrag fristgerecht bei der Schulleitung eingereicht wird, liegt beim Schüler, für die Weiterreichung bei der Schulleitung.

Absatz 1 Satz 2 regelt den frühestmöglichen Zeitpunkt für den Prüfungstermin. Dies ist erforderlich, weil nach § 4 des MPhG die Ausbildung mit der staatlichen Prüfung abschließt. Um zu vermeiden, daß aufgrund organisatorischer und personeller Schwierigkeiten Prüfungen zu lange vor dem Ende der dreijährigen Ausbildung stattfinden, sollen die Prüfungstermine nicht früher als zwei Monate vor dem Ende der Ausbildung liegen. Mit der bestandenen Prüfung endet jedoch - im Unterschied zu den nach dem Berufsbildungsgesetz geregelten Berufen - die Ausbildung nicht. Die Ausbildung dauert nach dem MPhG unabhängig vorn Zeitpunkt der Prüfung drei Jahre.

Die Zulassung zur Prüfung wird vom Prüfungsausschußvorsitzenden dann erteilt, wenn die erforderlichen Nachweise, u.a. die Bescheinigung nach § 1 Abs. 4, vorliegen. Eine abweichende Regelung für Umschüler ist nicht erforderlich, da sich der Vordruck der Bescheinigung (vgl. Anlage 4) sowohl auf die reguläre als auch auf die nach § 18 Satz 2 des Gesetzes verkürzte Ausbildung bezieht. Bei Vorlage der geforderten Nachweise hat der Schüler einen Rechtsanspruch auf Zulassung (Absatz 2).

Der Vorsitzende kann die Zulassung hei Vorliegen der Nachweise nicht wegen mangelnder Bewährung in der Ausbildung, Unfähigkeit oder Ungeeignetheit versagen. Es wird kein Nachweis über die geistige und körperliche Eignung für den Beruf verlangt. Somit kann einem Bewerber, der an der Ausbildung regelmäßig und erfolgreich teilgenommen hat, die Möglichkeit eingeräumt werden, durch Ablegen der staatlichen Prüfung die Ausbildung abzuschließen, auch wenn er möglicherweise die Erlaubnis nach § 1 des Gesetzes nicht erhalten könnte, weil er zum Zeitpunkt der Prüfung gesundheitlich nicht oder nicht mehr geeignet ist.

Soll die Prüfung in Teilabschnitten abgelegt werden, darf die Zulassung zur Prüfung zu ihrem ersten Abschnitt erst erfolgen, wenn der theoretische und praktische Unterricht erfolgreich abgeschlossen wurde. Die Zulassung zum zweiten Teilabschnitt setzt den erfolgreichen Abschluß der praktischen Ausbildung voraus (Absatz 1 Satz 3 und 4). Die Erfüllung der entsprechenden Voraussetzungen ist auf der Bescheinigung über die Teilnahme an den Ausbildungsveranstaltungen (vgl. Anlage 4) kenntlich zu machen.

Bei der Festsetzung des Prüfungsbeginns und der Mitteilung der Prüfungstermine sollen im Interesse eines ordnungsgemäßen Prüfungsablaufs und einer rechtzeitigen Unterrichtung des Prüflings bestimmte Mindestfristen eingehalten werden (Absatz 1 Satz 2 und Absatz 3).

Über die Form der Mitteilung ist nichts gesagt. Der Mitteilungspflicht kann jedoch keinesfalls durch einen Anschlag am Schwarzen Brett der Schule genügt werden. In besonderen Ausnahmefällen können die genannten Fristen auch über- bzw. unterschritten werden.

§ 5

Niederschrift

Über die Prüfung ist eine Niederschrift zu fertigen, aus der Gegenstand, Ablauf und Ergebnisse der Prüfung und etwa vorkommende Unregelmäßigkeiten hervorgehen.

Die Niederschrift dient der Gewährleistung eines ordnungsgemäßen Prüfungsablaufs und sichert die Möglichkeit einer eventuellen späteren Überprüfung des Prüfungshergangs, insbesondere in verwaltungsgerichtlichen Anfechtungsverfahren.
Wird die Niederschrift versäumt oder ist sie lückenhaft, so macht dieser Formfehler die Prüfung anfechtbar.

§ 6

Benotung

Die schriftlichen Aufsichtsarbeiten sowie die Leistungen in der mündlichen und praktischen Prüfung werden wie folgt benotet:

- **"sehr gut" (1), wenn die Leistung den Anforderungen in besonderem Maße entspricht,**
- **"gut" (2), wenn die Leistung den Anforderungen voll entspricht,**
- **"befriedigend" (3), wenn die Leistung im allgemeinen den Anforderungen entspricht,**
- **"ausreichend" (4), wenn die Leistung zwar Mängel aufweist, aber im ganzen den Anforderungen noch entspricht,**
- **"mangelhaft" (5), wenn die Leistung den Anforderungen nicht entspricht, jedoch erkennen läßt, daß die notwendigen Grundkenntnisse vorhanden sind und die Mängel in absehbarer Zeit behoben werden können,**
- **"ungenügend" (6), wenn die Leistung den Anforderungen nicht entspricht und selbst die Grundkenntnisse so lückenhaft sind, daß die Mängel in absehbarer Zeit nicht behoben werden können.**

Für die Benotung der Prüfungsleistungen ist das in anderen Ausbildungs- und Prüfungsverordnungen für nichtärztliche Heilberufe (z.B. Ausbildungs- und Prüfungsverordnung für Diätassistenten) vorgeschriebene Notensystem übernommen worden. Es entspricht den in den allgemein-bildenden Schulen üblichen Grundsätzen. Ein anderes Bewertungssystem ist nicht zulässig.

§ 7

Bestehen und Wiederholung der Prüfung

(1) Die Prüfung ist bestanden, wenn jeder der nach § 2 Abs. 1 vorgeschriebenen Prüfungsteile bestanden ist.

(2) Über die bestandene staatliche Prüfung wird ein Zeugnis nach dem Muster der Anlage 5 erteilt. Über das Nichtbestehen erhält der Prüfling vom Vorsitzenden des Prüfungsausschusses eine schriftliche Mitteilung, in der die Prüfungsnoten anzugeben sind.

(3) Der Prüfling kann jede Aufsichtsarbeit der schriftlichen Prüfung, jedes Fach der mündlichen Prüfling und jede Fächergruppe der praktischen Prüfung einmal wiederholen, wenn er die Note "mangelhaft" oder "ungenügend" erhalten hat.

(4) Hat der Prüfling eine Fächergruppe der praktischen Prüfung oder die gesamte praktische Prüfung zu wiederholen, so darf er zur Prüfung nur zugelassen werden, wenn er an einer weiteren Ausbildung teilgenommen hat, deren Dauer und Inhalt vom Vorsitzenden des Prüfungsausschusses im Benehmen mit den Fachprüfern bestimmt werden. Die weitere Ausbildung darf einschließlich der für die Prüfung erforderlichen Zeit die Dauer von einem Jahr nicht überschreiten. Ein Nachweis über die Teilnahme an der weiteren Ausbildung ist dem Antrag des Prüflings auf Zulassung zur Wiederholungsprüfung beizufügen. Die Wiederholungsprüfung muß spätestens zwölf Monate nach der letzten Prüfung abgeschlossen sein; Ausnahmen kann die zuständige Behörde in begründeten Fällen zulassen.

Eine Note für das Gesamtergebnis der staatlichen Prüfung wird nicht erteilt.

Um die Prüfung zu bestehen, muß in jedem der drei vorgeschriebenen Prüfungsteile mindestens die Note 4 ("ausreichend") erzielt werden (Absatz 1).

Die Bewährung des Schülers während der Ausbildung kann nicht berücksichtigt werden. Allenfalls können die Fachprüfer, die auch die Lehrer der Prüflinge gewesen sein sollen und die Kandidaten von daher kennen, im mündlichen und praktischen Teil der Prüfung bei offensichtlicher Diskrepanz zwischen der Prüfungs- und Ausbildungsleistung die Bewährung während der Ausbildung zugunsten des Prüflings in die allgemeine Wertung der Person und der Leistung des Prüflings einfließen lassen.

Im Fall des Bestehens der Prüfung erhält der Prüfling ein Zeugnis nach dem amtlichen Muster der Anlage 5, in dem die Prüfungsnoten einzutragen sind. Auch im Prüfungszeugnis ist keine Angabe über die Bewährung des Schülers während der Ausbildung vorgesehen Das wurde für entbehrlich gehalten, weil die Leistungen in der Ausbildung bereits insofern berücksichtigt werden, als die Zulassung zur Prüfung nur bei regelmäßiger und erfolgreicher Teilnahme an den Ausbildungsveranstaltungen erfolgen kann (§ 4 Abs. 2 Nr. 2 in Verbindung mit § 1 Abs. 4). Besteht der Prüfling nicht, so erhält er vom Prüfungsausschußvorsitzenden eine Mitteilung mit den erforderlichen Angaben (Absatz 2 Satz 2).

Jede Aufsichtsarbeit der schriftlichen Prüfung, jedes Fach der mündlichen Prüfung und jede Fächergruppe der praktischen Prüfung soll einmal wiederholt werden können (Absatz 3). Eine weitere Wiederholung ist auch nach erneuter Ausbildung nicht zulässig. Ein solcher Bewerber muß als ungeeignet für den Beruf des Physiotherapeuten angesehen werden. Die Wiederholung ist notwendig, wenn das Prüfungsergebnis für den betreffenden Prüfungsteil schlechter als 4 ("ausreichend") ist (Absatz 3).

Nach Absatz 4 muß sich der Prüfungskandidat, der in einer Fächergruppe der praktischen Prüfung oder in der gesamten praktischen Prüfung versagt hat, einer weiteren Ausbildung unterziehen. Die Dauer und der Inhalt dieser weiteren Ausbildung wird vom Vorsitzenden des Prüfungsausschusses im Benehmen mit den Fachprüfern festgelegt; es wird sich dabei daran orientiert, welche Zeit der Kandidat voraussichtlich noch benötigen wird, um die bei ihm vorhandenen Lücken im Wissen und Können zu schließen.

Um ungerechtfertigte Verzögerungen, die meist zu Lasten des Prüflings gehen, zu vermeiden, muß eine Wiederholungsprüfung grundsätzlich spätestens zwölf Monate nach der letzten Prüfung abgeschlossen werden. Die Zwölfmonatsfrist beginnt mit dem Ende des letzten Prüfungsteils, also in der Regel nach der praktischen Prüfung. Eine Verlängerung der Frist ist nur in Ausnahmefällen zulässig.

§ 8

Rücktritt von der Prüfung

(1) Tritt ein Prüfling nach seiner Zulassung von der Prüfung zurück, so hat er die Gründe für seinen Rücktritt unverzüglich dem Vorsitzenden des Prüfungsausschusses schriftlich mitzuteilen. Genehmigt der Vorsitzende den Rücktritt, so gilt die Prüfung als nicht unternommen. Die Genehmigung ist zu erteilen, wenn wichtige Gründe vorliegen. Im Falle einer Krankheit kann die Vorlage einer ärztlichen Bescheinigung verlangt werden.

(2) Wird die Genehmigung für den Rücktritt nicht erteilt oder unterläßt es der Prüfling, die Gründe für seinen Rücktritt unverzüglich mitzuteilen, so gilt die Prüfung als nicht bestanden. § 7 Abs. 3 gilt entsprechend.

Als nicht unternommen gilt die Prüfung, wenn der Vorsitzende des Prüfungsausschusses den Rücktritt genehmigt. Die spätere Teilnahme an der Prüfung gilt dann nicht als Wiederholung (Absatz 1).

"Unverzüglich" bedeutet soviel wie "ohne schuldhaftes Zögern". Schuldhaftes Zögern ist immer anzunehmen, wenn das Zögern vorwerfbar ist. Das Bundesverwaltungsgericht hat entschieden (BVerwGE, NJW 1989, 2340; BVerwGE 66, 213, 215), daß an die Unverzüglichkeit des Rücktritts von der Prüfung ein strenger Maßstab anzulegen ist Ein Prüfungsrücktritt ist nicht mehr unverzüglich, wenn der Prüfling die Rücktrittserklärung nicht zu dem frühestmöglichen Zeitpunkt abgegeben hat, zu dem sie von ihm Zumutbarenweise hätte erwartet werden können. Die Entscheidung hierüber obliegt dem Vorsitzenden des Prüfungsausschusses. Ebenso hat er zu entscheiden, ob im Fall des Absatzes 1 Satz 3 ein "wichtiger Grund" vorliegt. Ein wichtiger Grund ist dann anzunehmen, wenn nicht alltägliche Lebens- oder Ereignis-Umstände, die bei verständiger Würdigung des Einzelfalles von einigem Schwergewicht sind, so auf das Verhalten des Schülers einwirken, daß ein dem Prüfungsverfahren gerecht werdendes Verhalten dem Schüler nicht zugemutet werden kann.

Die Begriffe "unverzüglich" und "wichtiger Grund" sind unbestimmte Rechtsbegriffe, unterliegen also nicht dem pflichtgemäßen oder freien Ermessen des Vorsitzenden, indem er so oder so entscheiden könnte, sondern sind der vollen gerichtlichen Nachprüfung unterworfen. Die richtigen Entscheidungen stellen somit an die Urteilskraft des Vorsitzenden nicht geringe Anforderungen.

Nicht genehmigter Rücktritt (Absatz 2) bedeutet eine nicht bestandene Prüfung, für die die Vorschrift der Wiederholung anzuwenden ist. Die erneute Zulassung zur Prüfung kann in diesem Fall nicht von einer weiteren Teilnahme an der Ausbildung abhängig gemacht werden.

§ 9

Versäumnisfolgen

(1) Versäumt ein Prüfling einen Prüfungstermin oder gibt er eine Aufsichtsarbeit nicht oder nicht rechtzeitig ab oder unterbricht er die Prüfung, so gilt die Prüfung als nicht bestanden, wenn nicht ein wichtiger Grund vorliegt; § 7 Abs. 3 gilt entsprechend. Liegt ein wichtiger Grund vor, so gilt die Prüfung als nicht unternommen.

(2) Die Entscheidung darüber, ob ein wichtiger Grund vorliegt, trifft der Vorsitzende des Prüfungsausschusses. § 8 Abs. 1 Satz 1 und 4 gilt entsprechend.

Hier gilt im Prinzip die gleiche Regelung wie beim genehmigten Rücktritt. Versäumen oder Nichteinhalten eines Termins für die Prüfung oder für die Abgabe einer Aufsichtsarbeit ohne anerkannten Grund haben die gleichen Folgen wie der nicht genehmigte Rücktritt von der Prüfung (vgl. Erläuterungen zu § 8). Zu Absatz 2 wird auf die Erläuterungen zu § 8 verwiesen.

§ 10

Ordnungsverstöße und Täuschungsversuche

Der Vorsitzende des Prüfungsausschusses kann bei Prüflingen, die die ordnungsgemäße Durchführung der Prüfung in erheblichem Maße gestört oder sich eines Täuschungsversuchs schuldig gemacht haben, den betreffenden Teil der Prüfung für "nicht bestanden" erklären; § 7 Abs. 3 gilt entsprechend. Eine solche Entscheidung ist im Falle der Störung der Prüfung nur bis zum Abschluß der gesamten Prüfung, im Falle eines Täuschungsversuchs nur innerhalb von drei Jahren nach Abschluß der Prüfung zulässig.

Eine Störung in "erheblichem Maße" setzt mehr als nur eine Störung schlechthin voraus. Erheblich ist eine Störung immer dann, wenn sie den gesamten Prüfungsablauf - auch in Bezug auf die anderen Teilnehmer - nicht unwesentlich beeinträchtigt. Ein Täuschungsversuch liegt vor. wenn der Prüfling mit unerlaubten Mitteln oder Methoden versucht, sieh ungerechtfertigte Prüfungsvorteile zu verschaffen, die geeignet sind, seine Leistung in besserem Licht erscheinen zu lassen, als dies ohne Täuschungsversuch der Fall wäre. Der Grundsatz der Chancengleichheit verbietet es, daß ein Prüfling durch nicht zugelassene Hilfsmittel (z.B. Fachliteratur, Spickzettel usw.) sich gegenüber anderen Prüflingen Vorteile verschafft. Dabei kommt es nicht darauf an, oh die Täuschung wirklich gelungen oder nur versucht worden ist. Der Prüfling muß allerdings von der Beeinflussung des Prüfungsergebnisses durch sein Tun gewußt haben. Die bloße Verletzung von Sorgfaltspflichten reicht für die Annahme einer Täuschung nicht aus, der Prüfling muß zielbewußt arglistig handeln. Vom Versuch ist die Vorbereitungshandlung zu unterscheiden. So bedeutet Vorbereitungshandlung, wenn der Prüfling z.B. unzulässige Hilfsmittel bei der schriftlichen Prüfung lediglich mit sich führt. Erst im Falle ihrer Benutzung ist der Versuch vollendet. Ein Täuschungsversuch kann auch durch den "Beweis des ersten Anscheins" bewiesen werden, wenn die Prüfungsarbeit und das vom Prüfer erarbeitete, allein zur Verwendung durch den Prüfungsausschuß bestimmte Lösungsmuster teilweise wörtlich und im übrigen in Gliederung und Gedankenführung übereinstimmen.

Wird die Prüfung wegen eines Ordnungsverstoßes oder einer Täuschung für "nicht bestanden" erklärt, gilt die Vorschrift des § 7 Abs. 3, d.h. die Prüfung kann dann nur noch einmal wiederholt werden.

Die in Satz 2 genannten Fristen sind Ausschlußfristen und dienen dem Ziel, daß das Ergebnis einer Prüfung nicht unbegrenzt in Frage gestellt bleiben darf, wenn Ordnungsverstöße oder Täuschungsversuche festgestellt werden. Die Prüfung ist abgeschlossen, wenn das Prüfungszeugnis ausgehändigt ist oder das Ergebnis vom Vorsitzenden verkündet worden ist. Bis zu diesem Zeitpunkt kann ein Teil der Prüfung wegen erheblicher Störung der Durchführung für nicht bestanden erklärt werden. Nach Ablauf von drei Jahren seit dem Tag der Zeugnisaushändigung ist eine Revision des Prüfungsergebnisses wegen Täuschung nicht mehr möglich.

§11

Prüfungsunterlagen

Auf Antrag ist dem Prüfungsteilnehmer nach Abschluß der Prüfung Einsicht in seine Prüfungsunterlagen zu gewähren. Schriftliche Aufsichtsarbeiten sind drei, Anträge auf Zulassung zur Prüfung und Prüfungsniederschriften zehn Jahre aufzubewahren.

Der Prüfling hat einen Rechtsanspruch auf Einsicht in seine Prüfungsunterlagen. Zu diesen gehören die Nachweise nach § 4 Abs. 2 ebenso wie die schriftlichen Arbeiten und gegebenenfalls auch die Prüfungsniederschrift. Die Aufbewahrungsfristen nach Satz 2 dienen der Beweissicherung. Der Antrag auf Einsichtnahme ist an den Vorsitzenden des Prüfungsausschusses zu richten.

Abschnitt 2
Prüfungsbestimmungen
für die Ausbildung zum
Physiotherapeuten nach § 1 Abs. 1

§12

Schriftlicher Teil der Prüfung

(1) Der schriftliche Teil der Prüfung erstreckt sich auf folgende Fächergruppen:

1. **Berufs-, Gesetzes- und Staatskunde; Psychologie/ Pädagogik/Soziologie;**
2. **Angewandte Physik und Biomechanik; Trainingslehre; Bewegungslehre;**
3. **Prävention und Rehabilitation; Methodische Anwendung der Physiotherapie in den medizinischen Fachgebieten;**
4. **Spezielle Krankheitslehre.**

Der Prüfling hat in den vier Fächergruppen in jeweils einer Aufsichtsarbeit schriftlich gestellte Fragen zu beantworten. Die Aufsichtsarbeit in der Fächergruppe 1 dauert 45 Minuten, in der Fächergruppe 2 90 Minuten, in der Fächergruppe 3 180 Minuten und in der Fächergruppe 4 90 Minuten. Der schriftliche Teil der Prüfung ist an zwei Tagen durchzuführen. Die Aufsichtsführenden werden von der Schulleitung bestellt.

(2) Die Aufgaben für die Aufsichtsarbeiten werden von dem Vorsitzenden des Prüfungsausschusses auf Vorschlag der Schule ausgewählt. Jede Aufsichtsarbeit ist von mindestens zwei Fachprüfern zu benoten. Aus den Noten der Fachprüfer bildet der Vorsitzende des Prüfungsausschusses im Benehmen mit den Fachprüfern die Note für die einzelne Aufsichtsarbeit sowie aus den Noten der vier Aufsichtsarbeiten die Prüfungsnote für den schriftlichen Teil der Prüfung. Der schriftliche Teil der Prüfung ist bestanden, wenn jede der vier Aufsichtsarbeiten mindestens mit "ausreichend" benotet wird.

Die Vorschrift regelt den schriftlichen Teil der Prüfung. Er erstreckt sich auf die in Absatz 1 Nr. 1 bis 4 genannten Fächergruppen. Im Interesse einer möglichst objektiven Prüfung wird die schriftliche Beantwortung von schriftlich gestellten Fragen vorgeschrieben. Eine bestimmte Form, z.B. Antwort - Wahl - Verfahren (multiple choice) oder Behandlung von Einzelfragen oder -themen in Aufsatzform, ist hierfür nicht vorgesehen.

Welche Methode gewählt wird, bleibt dem einzelnen Prüfungsausschuß überlassen, sofern die Länder keine Regelungen hierüber treffen. Die Dauer der Aufsichtsarbeiten ist für die einzelnen Fächergruppen unter Berücksichtigung der Stofffülle festgelegt worden (Absatz 1). Entsprechend der Schwere des Stoffes wurde darauf verzichtet, vorzuschreiben, daß die Prüfung an zwei aufeinanderfolgenden Tagen durchzuführen ist. Die Aufsichtführenden, die von der Schulleitung bestellt werden, müssen nicht Mitglieder des Prüfungsausschusses sein.

Nach Absatz 2 wählt der Vorsitzende des Prüfungsausschusses aus den Vorschlägen der Schule die Aufgaben für die Aufsichtsarbeiten aus. Die Auswahlentscheidung unter mehreren Themenmöglichkeiten, die die Schule vorgegeben hat, steht allein dem Vorsitzenden zu.

Bundeseinheitliche Fragestellungen konnten in der Verordnung nicht gefordert werden, weil der Bund die Anforderungen an die Schulen nicht regeln kann. Einheitlichkeit ist deshalb nur über die Ausbildungsanforderungen erzielbar. Die vorgeschriebene schriftliche Prüfung bietet Gelegenheit, zu weitgehend einheitlichen Prüfungsanforderungen und damit zu einem einheitlichen Ausbildungsniveau zu kommen.

Die eigentliche Benotung ist Sache der Fachprüfer. Bei der Bildung der Prüfungsnote für den schriftlichen Teil der Prüfung stimmt sieh der Vorsitzende mit den Fachprüfern ab. Es bedarf jedoch nicht eines Einvernehmens mit den Fachprüfern. Bei divergierenden Meinungen zwischen Vorsitzendem und Fachprüfern entscheidet der Vorsitzende. Diese Art der Entscheidungsfindung strafft das Prüfungsverfahren, legt jedoch dem Vorsitzenden des Prüfungsausschusses eine große Verantwortung auf.

Der schriftliche Teil der Prüfung ist bestanden, wenn der Prüfling in jeder der vier Aufsichtsarbeiten mindestens die Note "ausreichend" erhalten hat (Absatz 2 Satz 4).

§ 13

Mündlicher Teil der Prüfung

(1) Der mündliche Teil der Prüfung erstreckt sich auf folgende Fächer:

1. Anatomie,
2. Physiologie,
3. Spezielle Krankheitslehre.

Die Prüflinge werden einzeln oder in Gruppen bis zu fünf geprüft. In den Fächern Nummer 1 und 3 soll der Prüfling nicht länger als dreißig Minuten, in Fach Nummer 2 nicht länger als fünfzehn Minuten geprüft werden.

(2) Jedes Fach wird von mindestens einem Fachprüfer abgenommen und benotet. Der Vorsitzende ist berechtigt, sich in allen Fächern an der Prüfung zu beteiligen; er kann auch selbst prüfen. Aus den Noten der Fachprüfer bildet der Vorsitzende im Benehmen mit den Fachprüfern die Prüfungsnote für den mündlichen Teil der Prüfung. Der mündliche Teil der Prüfung ist bestanden, wenn jedes Fach mindestens mit "ausreichend" benotet wird.

(3) Der Vorsitzende des Prüfungsausschusses kann auf begründeten Antrag die Anwesenheit von Zuhörern beim mündlichen Teil der Prüfung gestatten.

Die Vorschrift regelt die mündliche Prüfung. Neben den Prüfungsfächern (Nummer 1 bis 3) sind in Absatz 1 Einzelheiten über Form und Dauer der mündlichen Prüfung festgelegt. Zur Wahl steht die Form der Einzel- oder Gruppenprüfung. Die Verfahrenswahl wird sich nach der Zahl der insgesamt vorhandenen Prüflinge richten. Im Fall der Gruppenwahl darf die Gruppe in keinem Fall größer sein als fünf Prüflinge. In den einzelnen Fächern soll der Prüfling - unabhängig ob Gruppen- oder Einzelprüfung - nicht länger als im Absatz 1 festgelegt geprüft werden.

Andere als in den Prüfungsausschuß berufene Personen dürfen die mündliche Prüfung nicht abnehmen. Der Vorsitzende, der kein Fachprüfer ist, kann sich jedoch an der Prüfung beteiligen und darf auch selbst prüfen (Absatz 2). Darüber hinaus wird die Bildung der Note für den mündlichen Teil der Prüfung geregelt. Voraussetzung des Bestehens der mündlichen Prüfung ist, da es sich bei den Prüfungsfächern um die wichtigsten medizinischen Grundlagenfächer handelt, daß jedes Fach mindestens mit "ausreichend" benotet wird.

Die nach Absatz 3 zulässige Anwesenheit von Zuhörern setzt voraus, daß dadurch eine störungsfreie Durchführung der mündlichen Prüfung nicht gefährdet wird. Ein Antrag auf Zulassung von Zuhörern ist im allgemeinen dann begründet, wenn es sich um Schüler der jeweiligen Physiotherapeutenschule oder um Personen handelt, die in der Ausbildung von Physiotherapeuten an der jeweiligen Schule tätig sind.

Die in den Nr. 1 bis 3 genannten Prüfungsaufgaben beziehen sich auf die verschiedenen Bereiche der späteren beruflichen Tätigkeit des Physiotherapeuten.

Die Abnahme und Benotung der Prüfung erfolgt in jedem einzelnen Fach von zwei Fachprüfern (Absatz 2). Darunter sollte mindestens ein unter-richtender Physiotherapeut oder Krankengymnast oder ein Diplom-Medizinpädagoge oder Medizinpädagoge mit einer abgeschlossenen Ausbildung als Physiotherapeut sein, der den Prüfling in dem jeweiligen Prüfungsfach überwiegend ausgebildet hat.

Des weiteren regelt der Absatz 2 die Bildung der Note für den praktischen Prüfungsteil. Voraussetzung des Bestehens der praktischen Prüfung ist, da es sich um die späteren Tätigkeitsbereiche des Physiotherapeuten handelt, daß jede Fächergruppe mit mindestens "ausreichend" und dabei kein Fach schlechter als "mangelhaft" bewertet wird.

Der praktische Teil der Prüfung soll nach vier Wochen beendet sein (Absatz 3).

§ 14

Praktischer Teil der Prüfung

(1) Der praktische Teil der Prüfung erstreckt sieh auf folgende Fächergruppen:

1. a) Krankengymnastische Behandlungstechniken:
der Prüfling hat mindestens drei spezifische krankengymnastische Behandlungstechniken am Probanden auszuführen und zu erklären;

b) Bewegungserziehung:
der Prüfling hat eine krankengymnastische Gruppenbehandlung mit mindestens sechs Teilnehmern diagnosebezogen anzuleiten;

2. a) Massagetherapie:
der Prüfling hat aufgrund der Vorgaben des Fachprüfers mindestens eine Behandlungstechnik am Probanden auszuführen und zu erklären;

b) Elektro-, Licht- und Strahlentherapie:
der Prüfling hat aufgrund der Vorgaben des Fachprüfers mindestens eine Behandlungstechnik am Probanden auszuführen und zu erklären;

c) Hydro-, Balneo-, Thermo- und Inhalationstherapie:
der Prüfling hat aufgrund der Vorgaben des Fachprüfers mindestens eine Behandlungstechnik am Probanden auszuführen und zu erklären;

3. Methodische Anwendung der Physiotherapie in den medizinischen Fachgebieten:

der Prüfling hat an einem Patienten aus den medizinischen Fachgebieten Chirurgie oder Orthopädie sowie an einem Patienten aus den medizinischen Fachgebieten Innere Medizin, Neurologie, Gynäkologie oder Pädiatrie je eine Befunderhebung durchzuführen, zu bewerten, zu dokumentieren und den Therapieplan mit Behandlungsziel und Behandlungsschwerpunkt zu erstellen sowie auf dieser Grundlage geeignete Behandlungstechniken durchzuführen.

(2) Der praktische Teil der Prüfung wird in jedem einzelnen Fach von zwei Fachprüfern, darunter mindestens einem Fachprüfer nach § 3 Abs. 1 Nr. 3 Buchstabe b, abgenommen und benotet. Aus den Noten der Fachprüfer bildet der Vorsitzende des Prüfungsausschusses im Benehmen mit den Fachprüfern die Note für die jeweilige Fächergruppe sowie aus den Noten der drei Fächergruppen die Prüfungsnote für den praktischen Teil der Prüfung. Der praktische Teil der Prüfling ist bestanden, wenn jede Fächergruppe mindestens mit "ausreichend" und dabei kein Fach schlechter als "mangelhaft" benotet wird.

(3) Der praktische Teil der Prüfung soll innerhalb von vier Wochen abgeschlossen sein.

Abschnitt 3
Bestimmungen für die Ergänzungsprüfung nach § 1 Abs. 2 Satz 1

§ 15

Schriftlicher Teil der Prüfung

(1) Der schriftliche Teil der Prüfung erstreckt sieh auf folgende Fächergruppen:

1. Angewandte Physik und Biomechanik; Trainingslehre; Bewegungslehre;

2. Methodische Anwendung der Physiotherapie in den medizinischen Fachgebieten.

Der Prüfling hat in beiden Fächergruppen in jeweils einer Aufsichtsarbeit schriftlich gestellte Fragen zu beantworten. Die Aufsichtsarbeit in der Fächergruppe 1 dauert 90 Minuten, in der Fächergruppe 2 180 Minuten. Die Aufsichtführenden werden von der Schulleitung bestellt.

(2) Legt der Prüfling die Prüfung in Teilabschnitten ab, ist die Aufsichtsarbeit für die Fächergruppe 1 nach Beendigung des theoretischen und praktischen Unterrichts im ersten Abschnitt der Prüfung zu schreiben. Die Aufsichtsarbeit für die Fächergruppe 2 ist nach Beendigung der praktischen Ausbildung im zweiten Abschnitt der Prüfung zu schreiben.

(3) § 12 Abs. 2 gilt entsprechend.

Die Vorschrift regelt den schriftlichen Teil der Ergänzungsprüfung für Physiotherapeuten, die eine achtzehnmonatige Ausbildung absolviert haben. Er erstreckt sich auf die in Absatz 1 Nr. 1 und 2 genannten Fächergruppen. Die Auswahl der Fächer ergibt sich aus den Inhalten des Ergänzungslehrgangs.

Im Interesse einer möglichst objektiven Prüfung wird die schriftliche Beantwortung von schriftlich gestellten Fragen vorgeschrieben. Eine bestimmte Form ist hierfür nicht vorgesehen. Die Dauer der Aufsichtsarbeiten ist für die Fächergruppen 1 und 2 unter Berücksichtigung der Stofffülle festgelegt worden (Absatz 1 Satz 3).

Absatz 2 bestimmt, daß die Aufsichtsarbeiten in den unterschiedlichen Teilabschnitten der Prüfung zu schreiben sind, sofern der Prüfling von dieser Möglichkeit Gebrauch macht

§ 16

Mündlicher Teil der Prüfung

(1) Für Prüflinge, die die staatliche Prüfung nach § 4 Abs. 2 des Masseur- und Physiotherapeutengesetzes bestanden haben, erstreckt sich der mündliche Teil der Prüfung auf das Fach Physiologie. Die Prüflinge werden einzeln oder in Gruppen bis zu fünf geprüft. Die Prüfung soll für den Prüfling nicht länger als zehn Minuten dauern.

(2) Für Prüflinge, die die in § 1 Nr. 1 des Masseur- und Physiotherapeutengesetzes genannte Berufsbezeichnung führen dürfen, erstreckt sich der mündliche Teil der Prüfung auf die Fächer:

1. Anatomie,
2. Physiologie,
3. Spezielle Krankheitslehre.

Die Prüflinge werden einzeln oder in Gruppen bis zu fünf geprüft. In den Fächern Nummer 1 und 3 soll der Prüfling nicht länger als fünfzehn Minuten, im Fach Nummer 2 nicht länger als zehn Minuten geprüft werden.

(3) Wird die Prüfung in Teilabschnitten abgelegt, findet der mündliche Teil der Prüfung nach Beendigung des theoretischen und praktischen Unterrichts im ersten Abschnitt der Prüfung statt.

(4) § 13 Abs. 2 und 3 gilt entsprechend.

Absatz 1 regelt den mündlichen Teil der Ergänzungsprüfung für Physiotherapeuten, die den Lehrgang zum Masseur und medizinischen Bademeister nach dem MPhG und die achtzehnmonatige Ausbildung zum Physiotherapeuten absolviert haben. Neben dem Fach Physiologie, auf das die Ergänzungsprüfung beschränkt ist, sind in Absatz 1 Einzelheiten über Form und Dauer der mündlichen Prüfung und die Anzahl der Prüflinge in einem Termin festgelegt

Absatz 2 regelt den mündlichen Teil der Ergänzungsprüfung für Physiotherapeuten, die den einjährigen Lehrgang zum Masseur und medizinischen Bademeister nach dem Masseur- und Krankengymnastengesetz und die achtzehnmonatige Ausbildung zum Physiotherapeuten absolviert haben. Für sie erstreckt sich die Ergänzungsprüfung auf die in Nr. 1 bis 3 genannten Fächer. Da die in der Masseurausbildung vermittelten Kenntnisse in den Fächern Nr. 1 und Nr. 3 für die Tätigkeit als Physiotherapeut nicht ausreichen, mußten die Defizite im Lehrgang ausgeglichen werden. Für den genannten Personenkreis waren sie daher in den mündlichen Teil der Ergänzungsprüfung einzubeziehen.

Absatz 3 bestimmt, daß die mündliche Ergänzungsprüfung im ersten Teilabschnitt der Prüfung abgelegt werden kann, sofern der Prüfling von dieser Möglichkeit Gebrauch nacht.

§ 17

Praktischer Teil der Prüfung

(1) Der praktische Teil der Prüfung erstreckt sich auf die in § 14 Abs. 1 Nr. 1 und 3 genannten Fächergruppen.

(2) Wird die Prüfung in Teilabschnitten abgelegt, findet der praktische Teil der Prüfung nach Beendigung der praktischen Ausbildung im zweiten Abschnitt der Prüfung statt.

(3) § 14 Abs. 2 und 3 gilt entsprechend.

Absatz 1 regelt den praktischen Teil der Ergänzungsprüfung für Physiotherapeuten, die eine achtzehnmonatige Ausbildung absolviert haben Die Prüfung erstreckt sich auf die Fächer, die noch nicht Gegenstand der bisherigen Ausbildung und Prüfung zum Masseur und medizinischen Bademeister waren.

Absatz 2 bestimmt, daß die praktische Ergänzungsprüfung im zweiten Teilabschnitt der Prüfung abgelegt werden kann, sofern der Prüfling von dieser Möglichkeit Gebrauch macht.

Abschnitt 4
Bestimmungen für die Ergänzungsprüfung nach § 1 Abs. 2 Satz 2

§ 18

Schriftlicher Teil der Prüfung

(1) Der schriftliche Teil der Prüfung erstreckt sich auf das Fach Methodische Anwendung der Physiotherapie in den medizinischen Fachgebieten. Der Prüfling hat in einer Aufsichtsarbeit, für die 180 Minuten zur Verfügung stehen, schriftlich gestellte Fragen zu beantworten. Die Aufsichtsführenden werden von der Schulleitung bestellt.

(2) Wird die Prüfung in Teilabschnitten abgelegt, findet der schriftliche Teil der Prüfung nach Beendigung der praktischen Ausbildung im zweiten Abschnitt der Prüfung statt.

(3) § 12 Abs. 2 gilt entsprechend.

Die Vorschrift regelt den schriftlichen Teil der Ergänzungsprüfung für Physiotherapeuten, die eine zwölfmonatige Ausbildung absolviert haben. Er erstreckt sich nur auf das Fach Methodische Anwendung der Physiotherapie in den medizinischen Fachgebieten. Die Auswahl des Fachs ergibt sich aus den Inhalten des Ergänzungslehrgangs.

Absatz 2 bestimmt, daß die Aufsichtsarbeit im zweiten Teilabschnitt der Prüfung zu schreiben ist, sofern der Prüfling von dieser Möglichkeit Gebrauch macht.

§ 19

Mündlicher und praktischer Teil der Prüfung

(1) Für den mündlichen Teil der Prüfung gilt § 16 entsprechend.

(2) Für den praktischen Teil der Prüfling gilt § 17 entsprechend.

Siehe Begründung zu §§ 16 und 17.

Abschnitt 5
Erlaubniserteilung

§ 20

Erlaubnisurkunde

Liegen die Voraussetzungen nach § 2 Abs. 1 des Masseur- und Physiotherapeutengesetzes für die Erteilung der Erlaubnis zur Führung der Berufsbezeichnung nach § 1 Nr. 2 des Gesetzes vor, so stellt die zuständige Behörde die Erlaubnisurkunde nach dem Muster der Anlage 6 aus.

Entsprechend der Ermächtigung in § 13 Abs. 2 des Masseurs- und Physiotherapeutengesetzes wird ein einheitliches amtliches Muster für die Urkunde über die Erlaubnis zur Führung der Berufsbezeichnung vorgeschrieben. Ein Abweichen von dem in Anlage 6 vorgeschriebenen Formular ist nicht zulässig. Die Erlaubnisurkunden sind also in der gesamten Bundesrepublik einheitlich.

Die Voraussetzungen für die Erlaubniserteilung liegen vor, wenn die Ausbildung erfolgreich absolviert und die staatliche Prüfung bestanden worden ist.

Sofern auch die weiteren Voraussetzungen (geistige und körperliche Eignung und Zuverlässigkeit zur Ausübung des Berufs) vorliegen, besteht ein Rechtsanspruch auf Erlaubniserteilung.

Ein Antrag braucht nicht gestellt zu werden.

§ 21

Sonderregelungen für Inhaber von Diplomen oder Prüfungszeugnissen aus anderen Mitgliedstaaten der EU oder einem anderen Vertragsstaat des Abkommens über den Europäischen Wirtschaftsraum

(1) Antragsteller, die eine Erlaubnis nach § 1 Nr. 2 des Masseur- und Physiotherapeutengesetzes beantragen, können zum Nachweis, daß die Voraussetzungen nach § 2 Abs. 1 Nr. 2 dieses Gesetzes vorliegen, eine von der zuständigen Behörde des Heimat- oder Herkunftstaates ausgestellte entsprechende Bescheinigung oder einen von einer solchen Behörde ausgestellten Strafregisterauszug oder, wenn ein solcher nicht beigebracht werden kann, einen gleichwertigen Nachweis vorlegen. Hat der Antragsteller den Beruf im Heimat- oder Herkunftstaat bereits ausgeübt, so kann die für die Erteilung der Erlaubnis zuständige Behörde bei der zuständigen Behörde des Heimat- oder Herkunftstaates Auskünfte über etwa gegen den Antragsteller verhängte Strafen oder sonstige berufs- oder strafrechtliche Maßnahmen wegen schwerwiegenden standeswidrigen Verhaltens oder strafbarer Handlungen, die die Ausübung des Berufs betreffen, einholen. Hat die für die Erteilung der Erlaubnis zuständige Behörde in den Fällen des Satzes 1 oder 2 von Tatbeständen Kenntnis, die außerhalb des Geltungsbereichs des Masseur- und Physiotherapeutengesetzes eingetreten sind und im Hinblick auf die Voraussetzungen des § 2 Abs. 1 Nr. 2 dieses Gesetzes von Bedeutung sein können, so hat sie die zuständige Stelle des Heimat- oder Herkunftstaates zu unterrichten und sie zu bitten, diese Tatbestände zu überprüfen und ihr das Ergebnis und die Folgerungen, die sie hinsichtlich der von ihr ausgestellten Bescheinigungen und Nachweise daraus zieht, mitzuteilen. Die in den Sätzen 1 bis 3 genannten Bescheinigungen und Mitteilungen sind vertraulich zu behandeln. Sie dürfen der Beurteilung nur zugrunde gelegt werden, wenn bei der Vorlage die Ausstellung nicht mehr als drei Monate zurückliegt.

(2) Antragsteller, die eine Erlaubnis nach § 1 Nr. 2 des Masseur- und Physiotherapeutengesetzes beantragen, können zum Nachweis, daß die Voraussetzungen nach § 2 Abs. 1 Nr. 3 dieses Gesetzes vorliegen, eine entsprechende Bescheinigung der zuständigen Behörde ihres Heimat- oder Herkunftstaates vorlegen. Absatz 1 Satz 4 und 5 gilt entsprechend.

(3) Antragsteller, die eine Erlaubnis nach § 1 Nr. 2 des Masseur- und Physiotherapeutengesetzes beantragen, können ihre im Heimat- oder Herkunftstaat bestehende rechtmäßige Ausbildungsbezeichnung und, soweit dies nach dem Recht des Heimat- oder Herkunftstaates zulässig ist, die Abkürzung in der Sprache dieses Staates führen. Daneben sind Name und Ort der Lehranstalt, die die Ausbildungsbezeichnung verliehen hat, aufzuführen.

(4) Über den Antrag eines Staatsangehörigen eines anderen Mitgliedstaates der Europäischen Union oder eines anderen Vertragsstaates des Abkommens über den Europäischen Wirtschaftsraum auf Erteilung der Erlaubnis nach § 1 Nr. 2 des Masseur- und Physiotherapeutengesetzes ist kurzfristig, spätestens vier Monate nach Vorlage der Nachweise über das Vorliegen der Voraussetzungen dieses Gesetzes zu entscheiden. Werden Auskünfte nach Absatz 1 Satz 2 oder 3 von der zuständigen Stelle des Heimat- oder Herkunftstaates eingeholt, so wird der Ablauf der in Satz 1 genannten Frist bis zu dem Zeitpunkt gehemmt, zu dem die Auskünfte eingehen oder, wenn eine Antwort des Heimat- oder Herkunftstaates innerhalb von vier Monaten nicht eingeht, bis zum Ablauf dieser vier Monate. Werden von der zuständigen Stelle des Heimat- oder Herkunftstaates die in Absatz 1 Satz 1 genannten Bescheinigungen nicht ausgestellt oder die nach Absatz 1 Satz 2 oder 3 nachgefragten Mitteilungen innerhalb von vier Monaten nicht gemacht, kann der Antragsteller sie durch die Vorlage einer Bescheinigung über die Abgabe einer eidesstattlichen Erklärung gegenüber der zuständigen Behörde ersetzen.

Es handelt sich um die nach den Richtlinien 89/48/EWG vom 21. Dezember 1988 und 92/51/EWG vom 18. Juni 1992 erforderlichen Regelungen über das Verfahren bei der Erlaubniserteilung für Physiotherapeuten, die Inhaber eines Diploms oder Prüfungszeugnisses aus einem anderen Mitgliedsstaat der EU oder einem anderen Vertragsstaat des Abkommens über den Europäischen Wirtschaftsraum sind.

Staatsangehörige anderer Mitgliedsstaaten der EU oder eines anderen Vertragsstaates des Abkommens über den EWR, die eine Erlaubnis nach § 1 des Physiotherapeutengesetzes beantragen, können den Nachweis ihrer Zuverlässigkeit zur Ausübung des Berufs durch entsprechende Bescheinigungen aus ihrem Heimat- oder Herkunftstaat erbringen.

Die deutsche Behörde kann auch über die Antragsteller Auskünfte bei der zuständigen Behörde des Heimat- oder Herkunftstaates einholen, wenn der Betreffende bereits in seinem Beruf tätig war. Werden der deutschen Behörde Tatsachen bekannt, die außerhalb Deutschlands eingetreten sind und die auf eine Unzuverlässigkeit des Antragstellers schließen lassen könnten, kann sie die zuständige Behörde des betreffenden Staates um Überprüfung und Mitteilung ihrer Schlußfolgerungen bitten. Alle Bescheinigungen sind vertraulich zu behandeln. Sie dürfen bei der Entscheidung über die Erlaubniserteilung nicht älter als drei Monate sein (Absatz 1).

Zum Nachweis der geistigen und körperlichen Eignung zur Ausübung des Berufs können ebenfalls Bescheinigungen aus dem Heimat- oder Herkunftsland vorgelegt werden (Absatz 2).

Antragsteller, die die Voraussetzungen für den Zugang zu dem Beruf und dessen Ausübung erfüllen (vgl. Absatz 1 und 2), kann das Recht zuerkannt werden, ihre im Heimat- oder Herkunftstaat bestehende rechtmäßige Ausbildungsbezeichnung und gegebenenfalls ihre Abkürzung in der Sprache dieses Staates zu führen. Die deutsche Behörde kann vorschreiben, daß neben dieser Bezeichnung Name und Ort der Lehranstalt oder des Prüfungsausschusses, die bzw. der diese Ausbildungsbezeichnung verliehen hat, aufgeführt werden (Absatz 3).

Das Verfahren zur Prüfung des Antrags eines nach EG-Richtlinien Begünstigten muß so rasch wie möglich durchgeführt und spätestens vier Monate nach Vorlage der vollständigen Unterlagen abgeschlossen werden (Absatz 4).

Abschnitt 6
Schlußvorschriften

§ 22

Inkrafttreten, Außerkrafttreten

Diese Verordnung tritt am Tage nach der Verkündung in Kraft. Gleichzeitig tritt, soweit sich nicht aus § 16 Abs. 2 des Masseur- und Physiotherapeutengesetzes etwas anderes ergibt, die Ausbildungs- und Prüfungsordnung für Krankengymnasten vom 7. Dezember 1960 (BGBl. I S. 885), zuletzt geändert durch Anlage 1 Kapitel X Sachgebiet D Abschnitt Nr. 15 des Einigungsvertrages vom 31. August 1990 in Verbindung mit Artikel 1 des Gesetzes vom 23. September 1990 (BGBl. 1990 II S. 885,1080), außer Kraft.

Die Vorschrift betrifft das Inkrafttreten der Verordnung und das Außerkrafttreten der bisher geltenden Ausbildungs- und Prüfungsordnung. Ausbildungen, die vor dem Inkrafttreten der Verordnung begonnen wurden, sind nach den bisherigen Vorschriften abzuschließen (§ 16 Abs. 2 MPhG).

Die Verordnung ist am 21. Dezember 1994 in Kraft getreten. Sie gilt nur für Ausbildungen, die ab 1. Juni 1994 (Inkrafttreten des MPhG) nach neuem Recht durchgeführt werden.

Anlage 1
(zu § 1 Abs. 1)

A Theoretischer und praktischer Unterricht für Physiotherapeuten

		Stunden
1	**Berufs-, Gesetzes- und Staatskunde**	**40**
1.1	Berufskunde und Ethik, Geschichte des Berufs	
1.2	Das Gesundheitswesen in der Bundesrepublik Deutschland und internationale Zusammenarbeit im Gesundheitswesen einschließlich der Gesundheitsprogramme internationaler Organisationen wie insbesondere Weltgesundheitsorganisation und Europarat	
1.3	Aktuelle berufs- und gesundheitspolitische Fragen	
1.4	Masseur- und Physiotherapeutengesetz; gesetzliche Regelungen für die sonstigen Berufe des Gesund heitswesens und ihre Abgrenzung zueinander	
1.5	Arbeits- und berufsrechtliche Regelungen, soweit sie für die Berufsausübung von Bedeutung sind	
1.6	Unfallverhütung, Mutterschutz, Arbeitsschutz, Jugendhilfe, Jugendschutz	
1.7	Einführung in das Krankenhaus-, Seuchen-, Strahlenschutz-, Arznei- und Betäubungsmittelrecht	
1.8	Strafrechtliche, bürgerlich-rechtliche und öffentlich-rechtliche Vorschriften, die bei der Berufsausübung von Bedeutung sind; Rechtsstellung des Patienten oder seiner Sorgeberechtigten	
1.9	Sozialpolitik einschließlich Einführung in die Systeme der sozialen Sicherung (Sozialversicherung, Sozialhilfe, Sozialstaatsangebote in der praktischen Realisierung)	
1.10	Die Grundlagen der staatlichen Ordnung in der Bundesrepublik Deutschland	
2	**Anatomie**	**240**
2.1	Allgemeine Anatomie	
2.1.1	Begriffsbestimmung und anatomische Nomenklatur	

2.1.2 Achsen, Ebenen, Orientierungssystem
2.1.3 Allgemeine Zytologie
2.1.4 Allgemeine Histologie
2.1.5 Aufbau des Skelettsystems und allgemeine Gelenklehre
2.2 Funktionelle Anatomie des Bewegungssystems
2.2.1 Allgemeine funktionelle Aspekte der Bewegungsorgane
2.2.2 Palpation der Bewegungsorgane
2.2.3 Spezielle funktionelle Aspekte des Schultergürtels und der oberen Extremitäten
2.2.4 Spezielle funktionelle Aspekte des Beckens und der unteren Extremitäten
2.2.5 Spezielle funktionelle Aspekte der Wirbelsäule und des Kopfes
2.3 Anatomie der inneren Organe
2.3.1 Überblick über die inneren Organe
2.3.2 Herz-Kreislaufsystem
2.3.3 Respirationssystem
2.3.4 Blut- und Abwehrsystem
2.3.5 Verdauungssystem
2.3.6 Urogenitalsystem
2.3.7 Endokrines System
2.4 Anatomie des Nervensystems und der Sinnesorgane
2.4.1 Einführung in das Nervensystem
2.4.2 Makroskopische Anatomie **des** Nervensystems
2.4.3 Zentrales Nervensystem
2.4.4 Peripheres Nervensystem
2.4.5 Vegetatives Nervensystem
2.4.6 Funktionelle Anatomie des Nervensystems
2.4.7 Anatomie der Sinnesorgane und der Haut

3 Physiologie **140**

3.1 Grundlagen der Zellphysiologie
3.2 Nerven- und Sinnesphysiologie
3.2.1 Zentrales Nervensystem
3.2.2 Vegetatives Nervensystem
3.2.3 Motorische Systeme
3.2.4 Allgemeine Sinnesphysiologie
3.2.5 Somatoviszerales sensorisches System
3.2.6 Gleichgewichtssystem
3.2.7 Nozizeption und Schmerz
3.3 Muskelphysiologie
3.3.1 Skelettmuskulatur
3.3.2 Molekularer Mechanismus der Kontraktion
3.3.3 Regulation der Muskelkontraktion
3.3.4 Muskelmechanik
3.3.5 Muskelenergetik
3.3.6 Glatte Muskulatur
3.4 Herz-, Blut- und Gefäßphysiologie
3.4.1 Herzerregung, -mechanik, Energetik der Herzaktion
3.4.2 Funktionen, Volumen und Zusammensetzung des Blutes
3.4.3 Physiologische Mechanismen der Infekt- und Immunabwehr
3.4.4 Arterielles, venöses und lymphatisches System
3.4.5 Regulation des Gesamtkreislaufs
3.4.6 Lungenkreislauf und Pfortaderkreislauf
3.5 Physiologie des Respirationssystems
3.5.1 Ventilation und Atmungsmechanik
3.5.2 Pulmonaler Gasaustausch
3.5.3 Atemgastransport
3.5.4 Gewebeatmung

	3.6	Physiologie des Verdauungs-, Urogenital-, Stoffwechsel- und endokrinen Systems	
	3.7	Zusammenwirken der Systeme	
4	**Allgemeine Krankheitslehre**		**30**
	4.1	Pathologie der Zelle	
	4.2	Krankheit und Krankheitsursachen	
	4.3	Krankheitsverlauf und -symptome	
	4.4	Entzündungen und Ödeme	
	4.5	Degenerative Veränderungen	
	4.6	Wachstum und seine Störungen, gutartige und bösartige Neubildungen	
	4.7	Störungen der immunologischen Reaktionen	
	4.8	Örtliche und allgemeine Kreislaufstörungen, Blutungen	
	4.9	Störungen des Gasaustausches und der Sauerstoffversorgung	
5	**Spezielle Krankheitslehre**		**360**
	5.1	Innere Medizin	
	5.2	Orthopädie/Traumatologie	
	5.3	Chirurgie/Traumatologie	
	5.4	Neurologie	
	5.5	Psychiatrie	
	5.6	Gynäkologie und Geburtshilfe	
	5.7	Pädiatrie	
	5.8	Dermatologie	
	5.9	Geriatrie	
	5.10	Rheumatologie	
	5.11	Arbeitsmedizin	
	5.12	Sportmedizin	
6	**Hygiene**		**30**
	6.1	Allgemeine Hygiene und Umweltschutz	
	6.2	Persönliche Hygiene	

6.3 Bakteriologie, Virologie und Parasitologie

6.4 Verhütung und Bekämpfung von Infektionen

6.5 Desinfektion, Sterilisation

6.6 Wasserhygiene

7 Erste Hilfe und Verbandtechnik **30**

7.1 Allgemeines Verhalten bei Notfällen

7.2 Erstversorgung von Verletzten

7.3 Blutstillung und Wundversorgung

7.4 Maßnahmen bei Schockzuständen und Wiederbelebung

7.5 Versorgung von Knochenbrüchen

7.6 Transport von Verletzten

7.7 Verhalten bei Arbeitsunfällen

7.8 Verbandtechniken

8 Angewandte Physik und Biomechanik

8.1 Physikalische, mechanische und mathematische Grundlagen

8.2 Gleichgewichtssatz der Mechanik und Prinzip der Gelenkkraftberechnung

8.3 Kinematik der Gelenke des menschlichen Körpers

8.4 Statische und dynamische Bestimmung der Gelenkkraft

8.5 Biomechanik von Muskeln, Sehnen und Knochen

8.6 Biomechanik und Ergonomie

9 Sprache und Schrifttum **20**

9.1 Vortrag und Diskussion, Einführung in wissenschaftliches Arbeiten, Dokumentation

9.2 Mündliche und schriftliche Berichterstattung

9.3 Benutzung und Auswertung deutscher und fremdsprachlicher Fachliteratur

9.4 Einführung in fachbezogene Terminologie

10 Psychologie/Pädagogik/Soziologie **60**

10. 1 Psychologie

10.1.1 Der Mensch in seiner psychosomatischen Einheit

10.1.2 Der Therapeut im Prozeß der Patientenführung, Einführung in die Persönlichkeitspsychologie

10.1.3 Psychologische Probleme spezieller Patientengruppen, insbesondere akut Erkrankter, chronisch Kranker, Kranker mit infauster Prognose, Kinder, psychische Besonderheiten Alterskranker und Behinderter

10.1.4 Einführung in die Gruppendynamik im Therapieprozeß

10.1.5 Gesprächsführung, Supervision

10.2 Pädagogik

10.2.1 Grundlagen der Pädagogik

10.2.2 Einführung in die Sonderpädagogik

10.3 Soziologie

10.3.1 Grundlagen der Soziologie

10.3.2 Soziales Umfeld - Krankheitserleben

10.3.3 Soziale Stellung - Einfluß auf die Krankheitsentwicklung und -bewältigung

11 Prävention und Rehabilitation **20**

11.1 Grundlagen und Stellung der Prävention

11.2 Gesundheitsgerechtes Verhalten und Gesundheitsförderung

11.3 Grundlagen der Rehabilitation

11.4 Einrichtungen der Rehabilitation und ihre Fachkräfte

11.5 Medizinische, berufliche und soziale Rehabilitation

11.6 Rehabilitationsplanung und -durchführung im interdisziplinären Team

12 Trainingslehre **40**

12.1 Grundlagen der Trainingslehre

12.2 Beanspruchungsformen des Trainings

12.3 Aufbau und Prinzipien des Trainings

12.4 Transfer der allgemeinen Trainingslehre in die Prävention und medizinische Rehabilitation

12.5 Psychologische Aspekte des Trainings

13 Bewegungslehre **60**

13.1 Grundlagen der Bewegungslehre

13.2 Bewegungs- und Haltungsanalysen

13.3 Prinzipien der Bewegung

13.4 Sensomotorische Entwicklung

13.5 Bewegungen als sensomotorischer Lernprozeß

14 Bewegungserziehung **120**

14.1 Grundformen der Bewegung mit und ohne Gerät

14.2 Bewegungserziehung im Rahmen der Krankengymnastik

14.3 Bewegungserfahrung in bezug auf Raum, Zeit und Dynamik

14.4 Rhythmisch musikalische Aspekte in der Bewegungserziehung

14.5 Psychomotorische Übungskonzepte

14.6 Kombinationen von Grundformen der Bewegungserziehung aus Krankengymnastik, Gymnastik, Sport und Psychomotorik

14.7 Methodik und Didaktik von Einzel- und Gruppenbehandlung

14.8 Behindertensport

15 Physiotherapeutische Befund- u. Untersuchungstechniken **100**

15.1 Grundlagen der Befunderhebung

15.2 Inspektion

15.3 Funktionsprüfung

15.4 Palpation

15.5 Meßverfahren

15.6 Reflexverhalten

15.7 Wahrnehmung akustischer Auffälligkeiten
15.8 Systematik der Befunderhebung
15.9 Dokumentation
15.10 Synthese der Befunderhebung
15.11 Erstellung des Behandlungsplanes

16 Krankengymnastische Behandlungstechniken **500**

16.1 Grundlagen krankengymnastischer Techniken
16.2 Atemtherapie
16.3 Entspannungstechniken
16.4 Krankengymnastische Behandlung im Schlingengerät
16.5 Krankengymnastische Behandlung im Bewegungsbad
16.6 Gangschulung
16.7 Manuelle Therapie
16.8 Funktionsanalyse
16.9 Medizinische Trainingstherapie
16.10 Neurophysiologische Behandlungsverfahren
16.10.1 Propriozeptive neuromuskuläre Fazilitation
16.10.2 Behandlung nach Bobath
16.10.3 Behandlung nach Vojta
16.10.4 Sonstige Verfahren
16.11 Psychomotorik
16.12 Sonstige Behandlungstechniken

17 Massagetherapie **150**

17.1 Grundlagen der Massage
17.2 Techniken und Wirkungen der Massage
17.3 Klassische Massage
17.4 Bindegewebsmassage
17.5 Sonderformen
17.6 Indikationen nach Krankheitsbildern, Kontraindikationen

18	**Elektro-, Licht-, Strahlentherapie**	**60**
	18.1 Einführung in die Elektrotherapie, physikalische Grundlagen	
	18.2 Einführung in die Elektrodiagnostik	
	18.3 Elektrotherapie mit nieder-, mittel- und hochfrequenten Stromformen, Ultraschallbehandlung	
	18.4 Grundlagen der Lichttherapie	
	18.5 Grundlagen der Strahlentherapie	
19	**Hydro-, Balneo-, Thermo- und Inhalationstherapie**	**60**
	19.1 Grundlagen und Anwendungen in der Hydro- und Balneotherapie	
	19.2 Grundlagen und Anwendungen in der Thermotherapie	
	19.3 Grundlagen und Anwendungen in der Inhalationstherapie	
20	**Methodische Anwendung der Physiotherapie in den medizinischen Fachgebieten**	**700**
	20.1 Innere Medizin	
	20.2 Chirurgie/Traumatologie	
	20.3 Orthopädie/Traumatologie	
	20.4 Gynäkologie und Geburtshilfe	
	20.5 Neurologie/Neurochirurgie	
	20.6 Psychiatrie	
	20.7 Pädiatrie	
	20.8 Geriatrie	
	20.9 Rheumatologie	
	20.10 Arbeitsmedizin	
	20.11 Sportmedizin	
	20.12 Sonstige	
Zur Verteilung auf die Fächer 1 bis 20		**100**
Stunden insgesamt		**2 900**

B Praktische Ausbildung für Physiotherapeuten

		Stunden
Praktische Ausbildung in		
1	Krankenhäusern oder anderen geeigneten medizinischen Einrichtungen in den medizinischen Fachgebieten:	
	1.1 Chirurgie	**240**
	1.2 Innere Medizin	**240**
	1.3 Orthopädie	**240**
	1.4 Neurologie	**240**
	1.5 Pädiatrie	**160**
	1.6 Psychiatrie	**80**
	1.7 Gynäkologie	**80**
Zur Verteilung auf die Fachgebiete 1.1 bis 1.7		**240**
2.	sonstigen Einrichtungen, Exkursionen	**80**
Stunden insgesamt		**1 600**

Anlage 2
(zu § 1 Abs. 2 Satz 1)

A Theoretischer und praktischer Unterricht für Physiotherapeuten

		Stunden
1	**Physiologie**	**50**
	1.1 Grundlagen der Zellphysiologie	
	1.2 Nerven- und Sinnesphysiologie	
	1.2.1 Zentrales Nervensystem	
	1.2.2 Vegetatives Nervensystem	
	1.2.3 Motorische Systeme	
	1.2.4 Allgemeine Sinnesphysiologie	
	1.2.5 Somatoviszerales sensorisches System	
	1.2.6 Gleichgewichtssystem	
	1.2.7 Nozizeption und Schmerz	
	1.3 Muskelphysiologie	
	1.3.1 Skelettmuskulatur	
	1.3.2 Molekularer Mechanismus der Kontraktion	
	1.3.3 Regulation der Muskelkontraktion	
	1.3.4 Muskelmechanik	
	1.3.5 Muskelenergetik	
	1.3.6 Glatte Muskulatur	

Von den vorgesehenen 50 Stunden können bis zu 40 Stunden theoretischer Unterricht als Fernunterricht erteilt werden.

2	**Angewandte Physik und Biomechanik**	**20**
	2.1 Physikalische, mechanische und mathematische Grundlagen	
	2.2 Gleichgewichtssatz der Mechanik und Prinzip der Gelenkkraftberechnung	
	2.3 Kinematik der Gelenke des menschlichen Körpers	
	2.4 Statische und dynamische Bestimmung der Gelenkkraft	

2.5 Biomechanik von Muskeln, Sehnen und Knochen

2.6 Biomechanik und Ergonomie

Von den vorgesehenen 20 Stunden können bis zu 10 Stunden theoretischer Unterricht als Fernunterricht erteilt werden.

3 Trainingslehre **40**

3.1 Grundlagen der Trainingslehre

3.2 Beanspruchungsformen des Trainings

3.3 Aufbau und Prinzipien des Trainings

3.4 Transfer der allgemeinen Trainingslehre in die Prävention und medizinische Rehabilitation

3.5 Psychologische Aspekte des Trainings

Von den vorgesehenen 40 Stunden können bis zu 20 Stunden theoretischer Unterricht als Fernunterricht erteilt werden.

4 Bewegungslehre **60**

4.1 Grundlagen der Bewegungslehre

4.2 Bewegungs- und Haltungsanalysen

4.3 Prinzipien der Bewegung

4.4 Sensomotorische Entwicklung

4.5 Bewegung als sensomotorischer Lernprozeß

Von den vorgesehenen 60 Stunden können bis zu 40 Stunden theoretischer Unterricht als Fernunterricht erteilt werden.

5 Bewegungserziehung **50**

5.1 Bewegungserziehung im Rahmen der Krankengymnastik

5.2 Rhythmisch musikalische Aspekte in der Bewegungserziehung

5.3 Psychomotorische Übungskonzepte

5.4 Kombination von Grundformen der Bewegungserziehung aus Krankengymnastik und Psychomotorik

5.5 Behindertensport

5.6 Methodik und Didaktik von Einzel- und Gruppenbehandlung

Von den vorgesehenen 50 Stunden können bis zu 10 Stunden theoretischer Unterricht als Fernunterricht erteilt werden.

6 Physiotherapeutische Befundaufnahme und Untersuchungstechniken **70**

6.1 Grundlagen der Befunderhebung

6.2 Inspektion

6.3 Funktionsprüfungen

6.4 Palpation

6.5 Meßverfahren

6.6 Reflexverhalten

6.7 Wahrnehmung akustischer Auffälligkeiten

6.8 Systematik der Befunderhebung

6.9 Dokumentation

6.10 Synthese der Befunderhebung

6.11 Erstellung des Behandlungsplanes

Von den vorgesehenen 70 Stunden können mit Ausnahme der Punkte 6.2 bis 6.4, 6.7 und 6.8 bis zu 10 Stunden theoretischer Unterricht als Fernunterricht erteilt werden.

7 Krankengymnastische Behandlungstechniken **500**

7.1 Grundlagen krankengymnastischer Techniken

7.2 Atemtherapie

7.3 Entspannungstechniken

7.4 Krankengymnastische Behandlung im Schlingengerät

7.5 Krankengymnastische Behandlung im Bewegungsbad

7.6 Gangschulung

7.7 Manuelle Therapie

7.8 Funktionsanalyse

7.9 Medizinische Trainingstherapie

7.10 Neurophysiologische Behandlungsverfahren

7.10.1 Propriozeptive neuromuskuläre Fazilitation

7.10.2 Behandlung nach Bohath

7.10.3 Behandlung nach Vojta

7.10.4 Sonstige Verfahren

7.11 Psychomotorik

7.12 Sonstige Behandlungstechniken

Von den vorgesehenen 500 Stunden können mit Ausnahme der Punkte 7.3 bis 7.6 bis zu 50 Stunden theoretischer Unterricht als Fernunterricht erteilt werden.

8 Methodische Anwendung der Physiotherapie in den medizinischen Fachgebieten **500**

8.1 Innere Medizin

8.2 Chirurgie/Traumatologie

8.3 Orthopädie/Traumatologie

8.4 Gynäkologie und Geburtshilfe

8.5 Neurologie/Neurochirurgie

8.6 Psychiatrie

8.7 Pädiatrie

8.8 Geriatrie

8.9 Rheumatologie

8.10 Arbeitsmedizin

8.11 Sportmedizin

8.12 Sonstige

Von den vorgesehenen 500 Stunden können bis zu 180 Stunden theoretischer Unterricht als Fernunterricht erteilt werden.

Zur freien Verfügung **110**

Für Masseure und medizinische Bademeister mit einer Ausbildung nach dem Gesetz über die Ausübung der Berufe des Masseurs, des Masseurs und medizinischen Bademeisters und des Krankengymnasten sind diese Stunden zur Vorbereitung der Ergänzungsprüfung in den Fächern Anatomie und Spezielle Krankheitslehre vorzusehen.

Stunden insgesamt **1 400**

B Praktische Ausbildung für Physiotherapeuten

Praktische Ausbildung in		Stunden
1.	Krankenhäusern oder anderen geeigneten medizinischen Einrichtungen in den medizinischen Fachgebieten:	
1.1	Chirurgie	**160**
1.2	Innere Medizin	**160**
1.3	Orthopädie	**160**
1.4	Neurologie	**80**
1.5	Pädiatrie	**80**
1.6	Psychiatrie	**20**
1.7	Gynäkologie	**20**
2.	sonstigen Einrichtungen	**20**
Stunden insgesamt		**700**

Anlage 3
(zu § 1 Abs. 2 Satz 2)

A Theoretischer und praktischer Unterricht für Physiotherapeuten

		Stunden
1	**Physiotherapeutische Befundaufnahme und Untersuchungstechniken**	**50**
1.1	Grundlagen der Befunderhebung	
1.2	Inspektion	
1.3	Funktionsprüfung	
1.4	Palpation	
1.5	Meßverfahren	
1.6	Reflexverhalten	
1.7	Wahrnehmung akustischer Auffälligkeiten	
1.8	Systematik der Befunderhebung	
1.9	Dokumentation	
1.10	Synthese der Befunderhebung	
1.11	Erstellung des Behandlungsplanes	

Von den vorgesehenen 50 Stunden können mit Ausnahme der Punkte 1.2 bis 1.4, 1.7 und 1.8 bis zu 10 Stunden theoretischer Unterricht als Fernunterricht erteilt werden.

2	**Krankengymnastische Behandlungstechniken**	**400**
2.1	Grundlagen krankengymnastischer Techniken	(30)
2.2	Atemtherapie	(30)
2.3	Entspannungstechniken	(10)
2.4	Krankengymnastische Behandlung im Bewegungsbad	(10)
2.5	Krankengymnastische Behandlung im Schlingengerät	(10)
2.6	Gangschulung	(10)
2.7	Manuelle Therapie	(60)
2.8	Funktionsanalyse	(20)
2.9	Medizinische Trainingstherapie	(10)

2.10	Neurophysiologische Behandlungsverfahren	
2.10.1	Propriozeptive neuromuskuläre Fazilitation	(80)
2.10.2	Behandlung nach Bobath	(40)
2.10.3	Behandlung nach Vojta	(40)
2.10.4	Sonstige Verfahren	(10)
2.11	Psychomotorik	(20)
2.12	Sonstige Behandlungstechniken	(20)

Von den vorgesehenen 400 Stunden können mit Ausnahme der Punkte 2.3 bis 2.6 bis zu 50 Stunden theoretischer Unterricht als Fernunterricht erteilt werden.

3 Methodische Anwendung der Physiotherapie in den medizinischen Fachgebieten einschließlich Spezielle Krankheitslehre **500**

3.1	Innere Medizin	(80)
3.2	Chirurgie/Traumatologie	(60)
3.3	Orthopädie/Traumatologie	(60)
3.4	Gynäkologie und Geburtshilfe	(30)
3.5	Neurologie/Neurochirurgie	(70)
3.6	Psychiatrie	(30)
3.7	Pädiatrie	(70)
3.8	Geriatrie	(20)
3.9	Rheumatologie	(10)
3.10	Arbeitsmedizin	(10)
3.11	Sportmedizin	(20)
3.12	Sonstige	(40)

Von den vorgesehenen 500 Stunden können bis zu 200 Stunden theoretischer Unterricht als Fernunterricht erteilt werden.

Zur freien Verfügung **50**

Für Masseure und medizinische Bademeister mit einer Ausbildung nach dem Gesetz über die Ausübung der Berufe des Masseurs, des Masseurs und medizinischen Bademeisters und des Krankengymnasten sind diese Stunden zur Vorbereitung der Ergänzungsprüfung in den Fächern Anatomie, Physiologie und Bewegungserziehung vorzusehen.

Stunden insgesamt	**1 000**

B Praktische Ausbildung für Physiotherapeuten

Praktische Ausbildung in Krankenhäusern oder anderen geeigneten medizinischen Einrichtungen in den medizinischen Fachgebieten:

1	Chirurgie	**80**
2	Innere Medizin	**80**
3	Orthopädie	**80**
4	Neurologie/Psychiatrie	**80**
5	Pädiatrie	**60**
6	Gynäkologie	**20**
Stunden insgesamt		**400**

Anlage 4
(zu § 1 Abs. 4)

____
(Bezeichnung der Schule)

Bescheinigung
über die Teilnahme an den Ausbildungsveranstaltungen

Name, Vorname

____
Geburtsdatum Geburtsort

____

hat in der Zeit vom ________________ bis ________________
regelmäßig und mit Erfolg

1. ( ) an dem theoretischen Unterricht und der praktischen Ausbildung nach § 9 Abs. 2/§ 18 Satz 2*)

2. ( ) an dem theoretischen und praktischen Unterricht nach § 12 Abs. 1 Satz 1 und 2/§ 12 Abs. 1 Satz 3*)

   ( ) an der praktischen Ausbildung nach § 12 Abs. 1 und 2/ § 12 Abs. 1 Satz 3*)

des Masseur- und Physiotherapeutengesetzes teilgenommen.
(Zutreffendes ankreuzen)

Die Ausbildung ist – nicht – über die nach dem Masseur- und Physiotherapeutengesetz zulässigen Fehlzeiten hinaus – um _____ Tage *) – unterbrochen worden.

Ort, Datum

______________________________ (Stempel)

____
(Unterschrift(en) der Schulleitung)

*) Nichtzutreffendes streichen.

Anlage 5
(zu § 7 Abs. 2 Satz 1)

Der Vorsitzende
des Prüfungsausschusses

Zeugnis
über die staatliche Prüfung
für Physiotherapeuten

Name, Vorname

____

Geburtsdatum Geburtsort

____

hat am ___________ die staatliche Prüfung nach § 9 des Masseur- und Physiotherapeutengesetzes vor dem staatlichen Prüfungsausschuß bei der ____________________ in ____________________ bestanden.

Sie/Er hat folgende Prüfungsnoten erhalten:

1. im schriftlichen Teil der Prüfung "_______________"
2. im schriftlichen Teil der Prüfung "_______________"
3. im schriftlichen Teil der Prüfung "_______________"

Ort, Datum

_______________________________ (Siegel)

____
(Unterschrift des Vorsitzenden des Prüfungsausschusses)

Anlage 6
(zu § 20)

Urkunde
über die Erlaubnis zur Führung der Berufsbezeichnung

"____________________________________"

Name, Vorname

____

Geburtsdatum in

____

erhält auf Grund des Masseur- und Physiotherapeutengesetzes mit Wirkung vom heutigen Tage die Erlaubnis, die Berufsbezeichnung

"____________________________________"

zu führen.

Ort, Datum

______________________ (Siegel)

____

(Unterschrift)

IV Heilpraktikergesetz

Gesetz über die berufsmäßige Ausübung der Heilkunde ohne Bestallung (Heilpraktikergesetz)
Vom 17. Februar 1939 (Reichsgesetzbl. I S. 251),
zuletzt geändert durch Art. 15 des
Gesetzes vom 23. Oktober 2001 (BGBl. I S. 2702)
Auszug

§ 1

(1) Wer die Heilkunde, ohne als Arzt bestallt zu sein, ausüben will, bedarf dazu der Erlaubnis.

(2) Ausübung der Heilkunde im Sinne dieses Gesetzes ist jede berufs- oder gewerbsmäßig vorgenommene Tätigkeit zur Feststellung, Heilung oder Linderung von Krankheiten, Leiden oder Körperschäden bei Menschen, auch wenn sie im Dienste von anderen ausgeübt wird.

(3) ...

Erste Durchführungsverordnung zum Gesetz über die berufsmäßige Ausübung der Heilkunde ohne Bestallung (Heilpraktikergesetz)
Vom 18. Februar 1939 (Reichsgesetzbl. I S. 259),
zuletzt geändert durch Art. 9 des Gesetzes vom 27. April 2002 (BGBl. I S. 1467)
...Auszug

§ 2

(1) Die Erlaubnis wird nicht erteilt,

a) wenn der Antragsteller das 25. Lebensjahr noch nicht vollendet hat
b) wenn er nicht die deutsche Staatsangehörigkeit besitzt*,
c) ...
d) wenn er nicht mindestens abgeschlossene Volksschulbildung nachweisen kann,

*) Wegen Verstoßes gegen Art. 2 Abs. 1 GG nichtig gem. Beschluß des Bundesverfassungsgerichts vom 10.5.1988, BGBL I S. 1587

e) .... .
f) wenn sich aus Tatsachen ergibt, daß ihm die sittliche Zuverlässigkeit fehlt, insbesondere wenn schwere strafrechtliche oder sittliche Verfehlungen vorliegen,
g) nicht in gesundheitlicher Hinsicht zur Ausübung des Berufs ungeeignet ist,
h) wenn mit Sicherheit anzunehmen ist, daß er die Heilkunde neben einem anderen Beruf ausüben wird,
i) wenn sich aus einer Überprüfung der Kenntnisse und Fähigkeiten des Antragstellers durch das Gesundheitsamt ergibt, daß die Ausübung der Heilkunde durch den Betreffenden eine Gefahr für die Volksgesundheit bedeuten würde.

(2) ...

V UNFALLVERHÜTUNGSVORSCHRIFTEN

- Hinweis -

Für die Unternehmen der Berufsgenossenschaft für Gesundheitsdienst und Wohlfahrtspflege gilt seit 1. Oktober 1982 die

Unfallverhütungsvorschrift "Gesundheitsdienst" (VBG 103).

Sie regelt die besonderen Vorsorgemaßnahmen und Verhaltensweisen für Tätigkeiten mit Gefährdung durch Infektionserreger im Bereich des Gesundheitsdienstes. Gefährdungen, die beim Untersuchen von Menschen und beim Behandeln und Pflegen von Kranken sowie bei der Untersuchung und Behandlung von kranken Tieren und bei medizinischen Laboratoriumsarbeiten auftreten können.

Neben der VBG 103 gelten für alle Unternehmen weitere Unfallverhütungsvorschriften, wie z. B. "Allgemeine Vorschriften" (VBG 1), "Erste Hilfe" (VBG 109), "Elektrische Anlagen und Betriebsmittel" (VBG 4), "Leitern und Tritte" (VBG 74), "Arbeitsmedizinische Vorsorge mit Durchführungsanweisungen" (VBG 100). Darüber hinaus gelten weitere Unfallverhütungsvorschriften, falls besondere kraftbetriebene Arbeitsmittel, betriebliche Einrichtungen oder Gase in den Unternehmen des Gesundheitsdienstes verwendet werden.

Schwerpunkte der Unfallverhütungsvorschrift Gesundheitsdienst (VBG 1 03) sind insbesondere:

Unterweisung, Information

Beschäftigte in den Krankenhäusern und in den Praxen der Heilberufe sind ausführlich zu unterrichten über persönliche Hygiene, Verhalten bei Infektionsgefährdung und Maßnahmen zur Desinfektion und Sterilisation, wenn sie keine abgeschlossene Ausbildung in Berufen des Gesundheitswesens haben oder sich in einer entsprechenden Ausbildung befinden.

Erstuntersuchung vor Arbeitsaufnahme

Beschäftigte, die Untersuchungen durchführen oder dabei mitwirken, Kranke behandeln und pflegen, medizinische Laboratoriumsarbeiten ausführen oder Desinfektionsmaßnahmen durchführen sollen, dürfen erst dann mit diesen Tätigkeiten beauftragt werden, wenn zuvor eine Erstuntersuchung ausgeführt wurde. Es ist sicherzustellen, daß in regelmäßigen Abstünden Nachuntersuchungen erfolgen.

Diese arbeitsmedizinischen Vorsorgeuntersuchungen sollen auch die physischen und psychischen Einflüsse berücksichtigen, die z.B. durch 1 leben und Tragen in zumeist ungünstiger Körperhaltung, Schichtdienste sowie mentale und emotionale Belastungen entstehen.

Hygiene

Je nach der Infektionsgefährdung sind Maßnahmen zur Desinfektion, Reinigung und Sterilisation sowie zur Ver- und Entsorgung schriftlich festzulegen,

Schutzkleidung

Reinigung von Arbeitsbereichen

In den Arbeitsbereichen sind staubbindende Reinigungsverfahren anzuwenden; ist im Einzelfall dieses Verfahren nicht möglich, muß vor der Reinigung desinfiziert werden.

Weitere Informationen können bei der Berufsgenossenschaft für Gesundheitsdienst und Wohlfahrtspflege, Pappelallee 35/37, 22089 Hamburg eingeholt werden.

Bei dieser Berufgenossenschaft sind neben den gesamten Unfallverhütungsvorschriften weitere Informationen erhältlich wie z B. ein Merkblatt zu AIDS (Bestell-Nr. M612), zu arbeitsmedizinischen Vorsorgeuntersuchungen (Bestell-Nr. M 614) sowie zur aktiven Immunisierung gegen Hepatitis B (Bestell-Nr. M 613), u.a..

VI Ausgewählte Rechtsvorschriften

1. Gesetz über Medizinprodukte (Medizinproduktegesetz-MPG)

Das MPG in der Fassung der Bekanntmachung vom 07. August 2002 (BGBl I 3146), zuletzt geändert durch Artikel 145 der Verordnung vom 31. Oktober 2006 (BGBl. I. S. 2407) schreibt das Herstellen, das Inkrafttreten, das Inbetriebnehmen, das Ausstellen, das Errichten sowie das Anwenden von Medizinprodukten und deren Zubehör vor.

- Auszug aus dem MPG-

§ 1 Zweck des Gesetzes

Zweck dieses Gesetzes ist es, den Verkehr mit Medizinprodukten zu regeln und dadurch für die Sicherheit, Eignung und Leistung der Medizinprodukte sowie die Gesundheit und den erforderlichen Schutz der Patienten, Anwender und Dritter zu sorgen

§ 2 Anwendungsbereich des Gesetzes

(1) Dieses Gesetz gilt für Medizinprodukte und deren Zubehör. Zubehör wird als eigenständiges Medizinprodukt behandelt.

(2) Dieses Gesetz gilt auch für Produkte, die dazu bestimmt sind, Arzneimittel im Sinne des § 2 Abs. 1 des Arzneimittelgesetzes zu verabreichen. Werden die Medizinprodukte nach Satz 1 so in den Verkehr gebracht, dass Medizinprodukt und Arzneimittel ein einheitliches, miteinander verbundenes Produkt bilden, das ausschließlich zur Anwendung in dieser Verbindung bestimmt und nicht wiederverwendbar ist, gilt dieses Gesetz nur insoweit, als das Medizinprodukt die Grundlegenden Anforderungen nach § 7 erfüllen muss, die sicherheits- und leistungsbezogene Produktfunktionen betreffen. Im Übrigen gelten die Vorschriften des Arzneimittelgesetzes.

(3) Die Vorschriften des Atomgesetzes, der Strahlenschutzverordnung, der Röntgenverordnung und des Strahlenschutzvorsorgegesetzes, des Chemikaliengesetzes, der Gefahrstoffverordnung sowie die Rechtsvorschriften über Geheimhaltung und Datenschutz bleiben unberührt.

(4) Dieses Gesetz gilt nicht für

1. Arzneimittel im Sinne des § 2 Abs. 1 Nr. 2 des Arzneimittelgesetzes,
2. kosmetische Mittel im Sinne des § 4 des Lebensmittel- und Bedarfsgegenständegesetzes,

3. menschliches Blut, Produkte aus menschlichem Blut, menschliches Plasma oder Blutzellen menschlichen Ursprungs oder Produkte, die zum Zeitpunkt des Inverkehrbringens Bluterzeugnisse, -plasma oder -zellen dieser Art enthalten, soweit es sich nicht um Medizinprodukte nach § 3 Nr. 3 oder § 3 Nr. 4 handelt,
4. Transplantate oder Gewebe oder Zellen menschlichen Ursprungs und Produkte, die Gewebe oder Zellen menschlichen Ursprungs enthalten oder aus solchen Geweben oder Zellen gewonnen wurden, soweit es sich nicht um Medizinprodukte nach § 3 Nr. 4 handelt,
5. Transplantate oder Gewebe oder Zellen tierischen Ursprungs, es sei denn, ein Produkt wird unter Verwendung von abgetötetem tierischen Gewebe oder von abgetöteten Erzeugnissen hergestellt, die aus tierischen Geweben gewonnen wurden, oder es handelt sich um Medizinprodukte nach § 3 Nr. 4, 6. persönliche Schutzausrüstungen im Sinne der Richtlinie 89/686/EWG des Rates vom 21. Dezember 1989 zur Angleichung der Rechtsvorschriften der Mitgliedstaaten für persönliche Schutzausrüstungen (ABl. EG Nr. L 399 S. 18) in der jeweils geltenden Fassung.

§ 3 Begriffsbestimmungen

1. Medizinprodukte sind alle einzeln oder miteinander verbunden verwendeten Instrumente, Apparate, Vorrichtungen, Stoffe und Zubereitungen aus Stoffen oder andere Gegenstände einschließlich der für ein einwandfreies Funktionieren des Medizinproduktes eingesetzten Software, die vom Hersteller zur Anwendung für Menschen mittels ihrer Funktionen zum Zwecke
   a) der Erkennung, Verhütung, Überwachung, Behandlung oder Linderung von Krankheiten,
   b) der Erkennung, Überwachung, Behandlung, Linderung oder Kompensierung von Verletzungen oder Behinderungen,
   c) der Untersuchung, der Ersetzung oder der Veränderung des anatomischen Aufbaus oder eines physiologischen Vorgangs oder
   d) der Empfängnisregelung

   zu dienen bestimmt sind und deren bestimmungsgemäße Hauptwirkung im oder am menschlichen Körper weder durch pharmakologisch oder immunologisch wirkende Mittel noch durch Metabolismus erreicht wird, deren Wirkungsweise aber durch solche Mittel unterstützt werden kann.
2. ...

17. Fachkreise sind Angehörige der Heilberufe, des Heilgewerbes oder von Einrichtungen, die der Gesundheit dienen, sowie sonstige Personen, soweit sie Medizinprodukte herstellen, prüfen, in der Ausübung ihres Berufes in den Verkehr bringen, implantieren, in Betrieb nehmen, betreiben oder anwenden.

§ 4 Verbote zum Schutz von Patienten, Anwendern und Dritten

1) Es ist verboten, Medizinprodukte in den Verkehr zu bringen, zu errichten, in Betrieb zu nehmen, zu betreiben oder anzuwenden, wenn

1. der begründete Verdacht besteht, dass sie die Sicherheit und die Gesundheit der Patienten, der Anwender oder Dritter bei sachgemäßer Anwendung, Instandhaltung und ihrer Zweckbestimmung entsprechender Verwendung über ein nach den Erkenntnissen der medizinischen Wissenschaften vertretbares Maß hinausgehend gefährden oder
2. das Datum abgelaufen ist, bis zu dem eine gefahrlose Anwendung nachweislich möglich ist (Verfalldatum).

(2) Es ist ferner verboten, Medizinprodukte in den Verkehr zu bringen, wenn sie mit irreführender Bezeichnung, Angabe oder Aufmachung versehen sind. Eine Irreführung liegt insbesondere dann vor, wenn

1. Medizinprodukten eine Leistung beigelegt wird, die sie nicht haben,
2. fälschlich der Eindruck erweckt wird, dass ein Erfolg mit Sicherheit erwartet werden kann oder dass nach bestimmungsgemäßem oder längerem Gebrauch keine schädlichen Wirkungen eintreten,
3. zur Täuschung über die in den Grundlegenden Anforderungen nach § 7 festgelegten Produkteigenschaften geeignete Bezeichnungen, Angaben oder Aufmachungen verwendet werden, die für die Bewertung des Medizinproduktes mitbestimmend sind.

2. Verordnung über das Errichten, Betreiben und Anwenden von Medizinprodukten (Medizinprodukte-Betreiberverordnung - MPBetreibV)

Die MPBetreibV in der Fassung der Bekanntmachung vom 21. August 2002 (BGBl. I S. 3396) umfaßt Vorschriften für das Inverkehrbringen, Ausstellen, Errichten und Betreiben von Medizinprodukten, die in der Heilkunde oder Zahnheilkunde bei der Untersuchung und Behandlung von Menschen verwendet werden.

-Auszug aus der MPBetreibV-

§ 1 Anwendungsbereich

(1) Diese Verordnung gilt für das Errichten, Betreiben, Anwenden und Instandhalten von Medizinprodukten nach § 3 des Medizinproduktegesetzes mit Ausnahme der Medizinprodukte zur klinischen Prüfung oder zur Leistungsbewertungsprüfung.

(2) Diese Verordnung gilt nicht für Medizinprodukte, die weder gewerblichen noch wirtschaftlichen Zwecken dienen und in deren Gefahrenbereich keine Arbeitnehmer beschäftigt sind.

§ 2 Allgemeine Anforderungen

(1) Medizinprodukte dürfen nur ihrer Zweckbestimmung entsprechend und nach den Vorschriften dieser Verordnung, den allgemein anerkannten Regeln der Technik sowie den Arbeitsschutz- und Unfallverhütungsvorschriften errichtet, betrieben, angewendet und in Stand gehalten werden.

(2) Medizinprodukte dürfen nur von Personen errichtet, betrieben, angewendet und in Stand gehalten werden, die dafür die erforderliche Ausbildung oder Kenntnis und Erfahrung besitzen.

(3) Miteinander verbundene Medizinprodukte sowie mit Zubehör einschließlich Software oder mit anderen Gegenständen verbundene Medizinprodukte dürfen nur betrieben und angewendet werden, wenn sie dazu unter Berücksichtigung der Zweckbestimmung und der Sicherheit der Patienten, Anwender, Beschäftigten oder Dritten geeignet sind.

(4) Der Betreiber darf nur Personen mit dem Errichten und Anwenden von Medizinprodukten beauftragen, die die in Absatz 2 genannten Voraussetzungen erfüllen.

(5) Der Anwender hat sich vor der Anwendung eines Medizinproduktes von der Funktionsfähigkeit und dem ordnungsgemäßen Zustand des Medizinproduktes zu überzeugen und die Gebrauchsanweisung sowie die sonstigen beigefügten sicherheitsbezogenen Informationen und Instandhaltungshinweise zu beachten. Satz 1 gilt entsprechend für die mit dem Medizinprodukt zur Anwendung miteinander verbundenen Medizinprodukte sowie Zubehör einschließlich Software und anderen Gegenständen.

(6) Medizinprodukte der Anlage 2 dürfen nur betrieben und angewendet werden, wenn sie die Fehlergrenzen nach § 11 Abs. 2 einhalten.

(7) Sofern Medizinprodukte in Bereichen errichtet, betrieben oder angewendet werden, in denen die Atmosphäre auf Grund der örtlichen oder betrieblichen Verhältnisse explosionsfähig werden kann, findet die Verordnung über elektrische Anlagen in explosionsgefährdeten Bereichen in der Fassung der Bekanntmachung vom 13. Dezember 1996 (BGBl. I S. 1931) in der jeweils geltenden Fassung entsprechende Anwendung.

8) Die Vorschriften zu den wiederkehrenden Prüfungen von Medizinprodukten nach den Unfallverhütungsvorschriften bleiben unberührt, es sei denn, der Prüfumfang ist in den sicherheitstechnischen Kontrollen nach § 6 enthalten.

§ 5 Betreiben und Anwenden

(1) Der Betreiber darf ein in der Anlage 1 aufgeführtes Medizinprodukt nur betreiben, wenn zuvor der Hersteller oder eine dazu befugte Person, die im Einvernehmen mit dem Hersteller handelt,

1. dieses Medizinprodukt am Betriebsort einer Funktionsprüfung unterzogen hat und
2. die vom Betreiber beauftragte Person anhand der Gebrauchsanweisung sowie beigefügter sicherheitsbezogener Informationen und Instandhaltungshinweise in die sachgerechte Handhabung und Anwendung und den Betrieb des Medizinproduktes sowie in die zulässige Verbindung mit anderen Medizinprodukten, Gegenständen und Zubehör eingewiesen hat. Eine Einweisung nach Nummer 2 ist nicht erforderlich, sofern diese für ein baugleiches Medizinprodukt bereits erfolgt ist.

(2) In der Anlage 1 aufgeführte Medizinprodukte dürfen nur von Personen angewendet werden, die die Voraussetzungen nach § 2 Abs. 2 erfüllen und die durch den Hersteller oder durch eine nach Absatz 1 Nr. 2 vom Betreiber beauftragte Person unter Berücksichtigung der Gebrauchsanweisung in die sachgerechte Handhabung dieses Medizinproduktes eingewiesen worden sind.

(3) Die Durchführung der Funktionsprüfung nach Absatz 1 Nr. 1 und die Einweisung der vom Betreiber beauftragten Person nach Absatz 1 Nr. 2 sind zu belegen.

§ 7 Medizinproduktebuch

(1) Für die in den Anlagen 1 und 2 aufgeführten Medizinprodukte hat der Betreiber ein Medizinproduktebuch mit den Angaben nach Absatz 2 Satz 1 zu führen.

Für das Medizinproduktebuch sind alle Datenträger zulässig, sofern die in Absatz 2 Satz 1 genannten Angaben während der Dauer der Aufbewahrungsfrist verfügbar sind. Ein Medizinproduktebuch nach Satz 1 ist nicht für elektronische Fieberthermometer als Kompaktthermometer und Blutdruckmessgeräte mit Quecksilber- oder Aneroidmanometer zur nichtinvasiven Messung zu führen.

(2) In das Medizinproduktebuch sind folgende Angaben zu dem jeweiligen Medizinprodukt einzutragen:

1. Bezeichnung und sonstige Angaben zur Identifikation des Medizinproduktes,
2. Beleg über Funktionsprüfung und Einweisung nach § 5 Abs. 1,
3. Name des nach § 5 Abs. 1 Nr. 2 Beauftragten, Zeitpunkt der Einweisung sowie Namen der eingewiesenen Personen,
4. Fristen und Datum der Durchführung sowie das Ergebnis von vorgeschriebenen sicherheits- und messtechnischen Kontrollen und Datum von Instandhaltungen sowie der Name der verantwortlichen Person oder der Firma, die diese Maßnahme durchgeführt hat,
5. soweit mit Personen oder Institutionen Verträge zur Durchführung von sicherheits- oder messtechnischen Kontrollen oder Instandhaltungsmaßnahmen bestehen, deren Namen oder Firma sowie Anschrift,
6. Datum, Art und Folgen von Funktionsstörungen und wiederholten gleichartigen Bedienungsfehlern,
7. Meldungen von Vorkommnissen an Behörden und Hersteller.

Bei den Angaben nach Nummer 1 sollte die Bezeichnung nach der vom Deutschen Institut für medizinische Dokumentation und Information (DIMDI) veröffentlichten Nomenklatur für Medizinprodukte eingesetzt werden. Das Bundesministerium für Gesundheit macht die Bezugsquelle der jeweils geltenden Nomenklatur für Medizinprodukte im Bundesanzeiger bekannt.

(3) Der zuständigen Behörde ist auf Verlangen am Betriebsort jederzeit Einsicht in die Medizinproduktebücher zu gewähren.

§ 9 Aufbewahrung der Gebrauchsanweisungen und der Medizinproduktebücher

(1) Die Gebrauchsanweisungen und die dem Medizinprodukt beigefügten Hinweise sind so aufzubewahren, dass die für die Anwendung des Medizinproduktes erforderlichen Angaben dem Anwender jederzeit zugänglich sind.

(2) Das Medizinproduktebuch ist so aufzubewahren, dass die Angaben dem Anwender während der Arbeitszeit zugänglich sind. Nach der Außerbetriebnahme des Medizinproduktes ist das Medizinproduktebuch noch fünf Jahre aufzubewahren.

Anlage 1

(zu § 5 Abs. 1 und 2, § 6 Abs. 1 und § 7 Abs. 1)

1. Nichtimplantierbare aktive Medizinprodukte zur
   - 1.1 Erzeugung und Anwendung elektrischer Energie zur unmittelbaren Beeinflussung der Funktion von Nerven und/oder Muskeln bzw. der Herztätigkeit einschließlich Defibrillatoren,
   - 1.2 intrakardialen Messung elektrischer Größen oder Messung anderer Größen unter Verwendung elektrisch betriebener Messsonden in Blutgefäßen bzw. an freigelegten Blutgefäßen,
   - 1.3 Erzeugung und Anwendung jeglicher Energie zur unmittelbaren Koagulation, Gewebezerstörung oder Zertrümmerung von Ablagerungen in Organen,
   - 1.4 unmittelbare Einbringung von Substanzen und Flüssigkeiten in den Blutkreislauf unter potentiellem Druckaufbau, wobei die Substanzen und Flüssigkeiten auch aufbereitete oder speziell behandelte körpereigene sein können, deren Einbringen mit einer Entnahmefunktion direkt gekoppelt ist,
   - 1.5 maschinelle Beatmung mit oder ohne Anästhesie,
   - 1.6 Diagnose mit bildgebenden Verfahren nach dem Prinzip der Kernspinresonanz,
   - 1.7 Therapie mit Druckkammern,
   - 1.8Therapie mittels Hypothermie
2. Säuglingsinkubatoren sowie
3. externe aktive Komponenten aktiver Implantate.
4. .....
5. .....

3. Arzneimittelgesetz (AMG)

Das AMG in der Fassung der Bekanntmachung vom 12. Dezember 2005 (BGBl. I. S. 3394) bezweckt, im Interesse einer ordnungsgemäßen Arzneimittelversorgung von Mensch und Tier für die Sicherheit im Verkehr mit Arzneimitteln, insbesondere für die Qualität, Wirksamkeit und Unbedenklichkeit der Arzneimittel nach Maßgabe seiner Vorschriften zu sorgen. Neben allgemeinen Begriffserläuterungen regelt das Arzneimittelgesetz insbesondere Vorschriften über die Anforderungen an Arzneimittel Arzneimittelherstellung, Zulassung von Arzneimitteln, Registrierung, klinische Prüfung und Qualitätssicherung, Abgabe von Arzneimitteln, Überwachung sowie Haftung für Arzneimittelschäden.

- Auszug aus dem AMG -

§ 2 Arzneimittelbegriff

(1) Arzneimittel sind Stoffe und Zubereitungen aus Stoffen, die dazu bestimmt sind, durch Anwendung am oder im menschlichen oder tierischen Körper

1. Krankheiten, Leiden, Körperschäden oder krankhafte Beschwerden zu heilen, zu lindern, zu verhüten oder zu erkennen,
2. die Beschaffenheit, den Zustand oder die Funktionen des Körpers oder seelische Zustände erkennen zu lassen,
3. vom menschlichen oder tierischen Körper erzeugte Wirkstoffe oder Körperflüssigkeiten zu ersetzen,
4. Krankheitserreger, Parasiten oder körperfremde Stoffe abzuwehren, zu beseitigen oder unschädlich zu machen oder
5. die Beschaffenheit, den Zustand oder die Funktionen des Körpers oder seelische Zustände zu beeinflussen.

(2) Als Arzneimittel gelten

1. Gegenstände, die ein Arzneimittel nach Absatz 1 enthalten oder auf die ein Arzneimittel nach Absatz 1 aufgebracht ist und die dazu bestimmt sind, dauernd oder vorübergehend mit dem menschlichen oder tierischen Körper in Berührung gebracht zu werden,

1a. tierärztliche Instrumente, soweit sie zur einmaligen Anwendung bestimmt sind und aus der Kennzeichnung hervorgeht, daß sie einem Verfahren zur Verminderung der Keimzahl unterzogen worden sind,

2. Gegenstände, die ohne Gegenstände nach Nummer 1 oder la zu sein, dazu bestimmt sind, zu den in Absatz 1 Nr. 2 oder 5 bezeichneten Zwecken in den tierischen Körper dauernd oder vorübergehend eingebracht zu werden, ausgenommen tierärztliche Instrumente,
3. ....
4. Stoffe und Zubereitungen aus Stoffen, die, auch im Zusammenwirken mit anderen Stoffen oder Zubereitungen aus Stoffen, dazu bestimmt

sind, ohne am oder im tierischen Körper angewendet zu werden, die Beschaffenheit, den Zustand oder die Funktion des tierischen Körpers erkennen zu lassen oder der Erkennung von Krankheitserregern bei Tieren zu dienen.

(3) Arzneimittel sind nicht

1. Lebensmittel im Sinne des § 1 des Lebensmittel- und Bedarfsgegenständegesetzes,
2. Tabakerzeugnisse im Sinne des § 3 des Lebensmittel- und Bedarfsgegenständegesetzes,
3. kosmetische Mittel im Sinne des § 4 des Lebensmittel- und Bedarfsgegenständegesetzes,
4. Stoffe oder Zubereitungen aus Stoffen, die ausschließlich dazu bestimmt sind, äußerlich am Tier zur Reinigung oder Pflege oder zur Beeinflussung des Aussehens oder des Körpergeruchs angewendet zu werden, soweit ihnen keine Stoffe oder Zubereitungen aus Stoffen zugesetzt sind, die vom Verkehr außerhalb der Apotheke ausgeschlossen sind,
5. (weggefallen)
6. Futtermittel, Zusatzstoffe und Vormischungen im Sinne des § 2 Abs.1 Nr. 1 des Futtermittelgesetzes,
7. Medizinprodukte und Zubehör für Medizinprodukte im Sinne des § 3 des Medizinproduktegesetzes, es sei denn, es handelt sich um Arzneimittel im Sinne des § 2 Abs. 1 Nr. 2,
8. die in § 9 Satz1 des Transplantationsgesetzes genannten Organe und Augenhornhäute, wenn sie zur Übertragung auf andere Menschen bestimmt sind.

(4) Solange ein Mittel nach diesem Gesetz als Arzneimittel zugelassen oder registriert oder durch Rechtsverordnung von der Zulassung oder Registrierung freigestellt ist, gilt es als Arzneimittel. Hat die zuständige Bundesoberbehörde die Zulassung oder Registrierung eines Mittels mit der Begründung abgelehnt, daß es sich um kein Arzneimittel handelt, so gilt es nicht als Arzneimittel.

§ 3 Stoffbegriff

Stoffe im Sinne dieses Gesetzes sind

1. chemische Elemente und chemische Verbindungen sowie deren natürlich vorkommende Gemische und Lösungen,
2. Pflanzen, Pflanzenteile und Pflanzenbestandteile in bearbeitetem oder unbearbeitetem Zustand,
3. Tierkörper, auch lebender Tiere, sowie Körperteile, -bestandteile und Stoffwechselprodukte von Mensch oder Tier in bearbeitetem oder unbearbeitetem Zustand
4. Mikroorganismen einschließlich Viren sowie deren Bestandteile oder Stoffwechselprodukte.

VII Berufsgeheimnis

Strafgesetzbuch
- Auszug -

§ 203

Verletzung von Privatgeheimnissen

(1) Wer unbefugt ein fremdes Geheimnis, namentlich ein zum persönlichen Lebensbereich gehörendes Geheimnis oder ein Betriebs- oder Geschäftsgeheimnis, offenbart, das ihm als

1. Arzt Zahnarzt, Tierarzt, Apotheker oder Angehörigen eines anderen Heilberufs, der für die Berufsausübung oder die Führung der Berufsbezeichnung eine staatlich geregelte Ausbildung erfordert,

...

...

anvertraut worden oder sonst bekannt geworden ist, wird mit Freiheitsstrafe bis zu einem Jahr oder mit Geldstrafe bestraft.

...

...

(3) Den in Absatz 1 Genannten stehen ihre berufsmäßig tätigen Gehilfen und die Personen gleich, die bei ihnen zur Vorbereitung auf den Beruf tätig sind. Den in Absatz 1 und den in Satz 1 Genannten steht nach dem Tod des zur Wahrung des Geheimnisses Verpflichteten ferner gleich, wer das Geheimnis von dem Verstorbenen oder aus dessen Nachlaß erlangt hat.

(4) Die Absätze 1 bis 3 sind auch anzuwenden, wenn der Täter ein fremdes Geheimnis nach dem Tod des Betroffenen unbefugt offenbart.

(5) Handelt der Täter gegen Entgelt oder in der Absicht, sich oder einen anderen zu bereichern oder einen anderen zu schädigen so ist die Strafe Freiheitsstrafe bis zu zwei Jahren oder Geldstrafe.

§ 205

Strafantrag

(1) In den Fällen des § 201 Abs. 1 und 2 und der §§ 202 bis 204 wird die Tat nur auf Antrag verfolgt.

...

...

Auszug aus BAT:

SR 2 a BAT
Kranken-, Heil- und Pflegeanstalten usw.

Nr. 4

Zu § 9 - Schweigepflicht -

Der Angestellte, dem im Zusammenhang mit seinem Arbeitsverhältnis Geheimnisse bekannt werden, die bei Ärzten und ärztlichen Hilfspersonen der Schweigepflicht unterliegen würden, ist auch dann verpflichtet, darüber Verschwiegenheit zu wahren, wenn er nicht im Sinne des Strafrechts zu den Hilfspersonen des Arztes rechnet.

Strafprozeßordnung
- Auszug -

§ 53

(1) Zur Verweigerung des Zeugnisses sind ferner berechtigt:

1.-2 ....

3. Rechtsanwälte, Patentanwälte, Notare, Wirtschaftsprüfer, vereidigte Buchprüfer, Steuerbeamter und Steuerbevollmächtigte, Ärzte, Zahnärzte, Apotheker und Hebammen über das, was ihnen in dieser Eigenschaft anvertraut worden oder bekannt geworden ist;

4.-6 ....

(2) Die in Absatz 1 Nummern 2 und 3 Genannten dürfen das Zeugnis nicht verweigern, wenn sie von der Verpflichtung zur Verschwiegenheit entbunden sind.

§ 53a

(1) Den in § 53 Abs. 1 Nr. 1 bis 4 Genannten stehen ihre Gehilfen und die Personen gleich, die zur Vorbereitung auf den Beruf an der berufsmäßigen Tätigkeit teilnehmen. Über die Ausübung des Rechtes dieser Hilfspersonen, das Zeugnis zu verweigern, entscheiden die in § 53 Abs. 1 Nr. 1 bis 4 Genannten, es sei denn, daß diese Entscheidung in absehbarer Zeit nicht herbeigeführt werden kann,

(2) Die Entbindung von der Verpflichtung zur Verschwiegenheit (§ 53 Abs. 2) gilt auch für die Hilfspersonen.

Zivilprozeßordnung
-Auszug-

§ 383

(1) Zur Verweigerung des Zeugnisses sind berechtigt:

1-5 ....

6. Personen, denen kraft ihres Amtes, Standes oder Gewerbes Tatsachen anvertraut sind, deren Geheimhaltung durch ihre Natur oder durch gesetzliche Vorschriften geboten ist, in betreff der Tatsachen, auf welche die Verpflichtung zur Verschwiegenheit sich bezieht.

(2) ....

(3) Die Vernehmung der unter Nr. 4 bis 6 bezeichneten Personen ist, auch wenn das Zeugnis nicht verweigert wird, auf Tatsachen nicht zu richten, in Ansehung welcher erhellt, daß ohne Verletzung der Verpflichtung zur Verschwiegenheit ein Zeugnis nicht abgelegt werden kann.

§ 385

(2) Die in § 383 Nr. 4, 6 bezeichneten Personen dürfen das Zeugnis nicht verweigern, wenn sie von der Verpflichtung zur Verschwiegenheit entbunden sind.

VIII Anschriften

a) Berufs-/ Standesorganisationen

Deutscher Verband für Physiotherapie
Zentralverband der Krankengymnasten/Physiotherapeuten (ZVK) e. V.
Deutzer Freiheit 72-74

50679 Köln

Verband Physikalische Therapie
Vereinigung für die physiotherapeutischen Berufe (VPT) e. V.
Hofweg 15

22085 Hamburg

VDB - Physiotherapieverband e.V. Bundesverband
Schumannstr. 4-6

53113 Bonn

Bundesverband selbständiger PhysiotherapeutInnen - IFK e. V.
Hildebrandtstr. 4

40215 Düsseldorf

Arbeitsgemeinschaft der Lehrkräfte an den Berufsfachschulen für Physiotherapie in der Bundesrepublik Deutschland e.V. (AGLP)
Engelbosteler Damm 1

30167 Hannover

Bundesärztekammer
(Arbeitsgemeinschaft der Deutschen Ärztekammern)
Herbert-Lewin-Str. 1

50931 Köln

Berufsverband der Fachärzte für Physiotherapie/ Ärzte für Physik, Medizin und Rehabilitation e.V.
Kakenhanergrund 21

22397 Hamburg

Berufsverband der Ärzte für Orthopädie e.V.
Am Lindenbaum 6-8

60433 Frankfurt

Arbeitsgemeinschaft der Ärzte für Physikalische Medizin und Rehabilitation e.V.
Mühlenstr. 5 a

30938 Burgwedel

b) wissenschaftl.-medizinische Fachgesellschaften

Deutsche Gesellschaft für Physikalische Medizin und Rehabilitation
Englschalkinger Str. 77

81925 München

Deutsche Gesellschaft für Orthopädie und Traumatologie
Marienburgstr. 2

60528 Frankfurt

Deutsche Gesellschaft für Manuelle Medizin e.V.
Königsteiner Str. 68

65812 Bad Soden

Stichwortverzeichnis

Seite

Abschluß
der Ausbildung 34, 42
– in neuen Ländern 52
andere Ausbildung 36, 44
Anerkennung (staatl.)
der Schulen 32, 41
Annahme von Praktikanten 39
Anrechnung
anderer Ausbildung 36, 44
Praktikum im Ausland 39, 40
Arzneimittel 148
Ausbildungsförderung 33
Ausbildungsstand 25, 29
Ausbildungsziel
für Mass.u.med.Badem. 32
für Physioth. 41
Ausland
Ausbildung 25, 29
Ausnahmen
vom Mindestalter 34, 43
Ausnahmeregelung
für Schulen (Physioth.) . . . . 54 ff

Begründung (zum Gesetzentwurf) . . . . 8 ff
Benotung 69, 98
Berufsbezeichnung 24
Berufsbildungsgesetz 33
Berufsverbände 155
Bestehen der Prüfung 69, 98
Bewährung
während des Lehrgangs 70, 99
Blinde 27, 28
Bundeskompetenz 24
Bußgeldvorschriften 49

Dauer der Ausbildung
für Mass.u.med.Bademeister 32
für Physioth 41
DDR-Erlaubnisse 25, 52

Eignung
zur Ausübung des Berufs . . . . 25, 27 ff
Einrichtungen
für Praktikum . . . . 39 ff
Ergänzungsprüfungen . . . . 108 ff, 111
Erlaubnis . . . . 24 ff
Erlaubnisurkunde
für Mass.u.med.Badem. 72, 88
für Physioth 112, 137
Erteilung der Erlaubnis 25, 26
EU-Diplome . . . . 25 ff, 31
– Sonderregelungen 73, 113
EU-Richtlinien 25, 30, 31
EWR-Abkommen 30

Fachprüfer
für Mass.u.med.Bademeister 62
für Physioth 93
Ferien 36, 43

Gymnastiklehrer 44

Heilkunde
Ausübung der 138
Heilpraktiker 138

Inhalte der Ausbildung
für Mass.u.med.Badem. . . . . 58 ff
für Physioth . . . . 89 ff
Inkrafttreten
des Gesetzes 57
der Verordnungen 74, 115

körperliche Gebrechen 25, 28
Krankheit 36, 43
Kündigungsfristen 163

Lehrgang
  für Mass.u.med.Badem. . . . . 32 ff
  für Physioth . . . . 41 ff
Medizingeräte 142
Medizinprodukte 150
Mindestalter
  für Mass.u.med.Badem. 34
  für Physioth. 43
mündliche Prüfung
  für Mass.u.med.Badem. 66
  für Physioth. 105

Niederschrift (über die Prüfung) 68, 97

Ordnungsverstöße 71, 102
Ordnungswidrigkeiten 49

praktische Ausbildung
  für Mass.u.med.Badem. . . . . 32 ff
  für Physioth. . . . . 41 ff
  – außerhalb der Schule 41, 42
praktische Prüfung
  für Mass.u.med.Badem. 67
  für Physioth. 107
praktische Tätigkeit . . . . 38 ff
Prüfung
  für Mass.u.med.Badem. . . . . 61 ff
  für Physioth. . . . . 92 ff
Prüfungsausschuß
  für Mass.u.med.Badem. 62
  für Physioth. 93
Prüfungstermine 64, 95
Prüfungsunterlagen 72, 103

Rechtsweg 25
regelmäßige Teilnahme 59, 60,
. . . . 90, 91
Reha-Leistungen 146
Rücknahme
der Erlaubnis 29
Rücktritt
von der Prüfung 71, 100

schriftliche Prüfung
für Mass.u.med.Badem. 65
für Physioth. 104
Schulbildung
für Mass.u.med.Badem. 34
für Physioth. 43
Schulen
für Mass.u.med.Badem. . . . . 32 ff
für Physioth. 41 ff
Schulverwaltung
(Vertreter im Prüfungsausschuß) 62, 93
Schutz der Berufsbezeichnung . . . . 24 ff
Schwäche
der geistigen Kräfte 28
Schwangerschaft 36, 43
Schweigepflicht 153
Sehbehinderte 28
staatliche Prüfung
für Mass.u.med.Badem. . . . . 61 ff
für Physioth. 92 ff
Status der Schulen 33
Sucht 28

Täuschungsversuche 71, 102
Turn- und Sportlehrer 44

Übergangsregelungen . . . . 51 ff
Umschüler 56, 58, 60,
. . . . 89, 91

Unfähigkeit
zur Ausübung des Berufs 25, 28
Unfallverhütung 140
Unterbrechung
der Ausbildung 36, 43
des Praktikums 39
Unterricht (theoret.u.prakt.)
für Mass.u.med.Badem. . . . . 32 ff
für Physioth. . . . . 41 ff
Unterrichtskräfte 63, 93
Unterrichtsstunde 60

Verkürzung der Ausbildung 44
Versäumnisfolgen 71, 101
Versagung der Erlaubnis 27
Vorsitzender
des Prüfungsausschusses 62, 93

Widerruf
der Erlaubnis 29
Wiederholung der Prüfung 69, 98

Zugang zur Ausbildung
für Mass.u.med.Badem. 34
für Physioth. 43
Zulassung zur Prüfung
für Mass.u.med.Badem. 64
für Pysioth. 95
Zuständigkeiten 48
Zuverlässigkeit
zur Ausübung des Berufs 27, 28

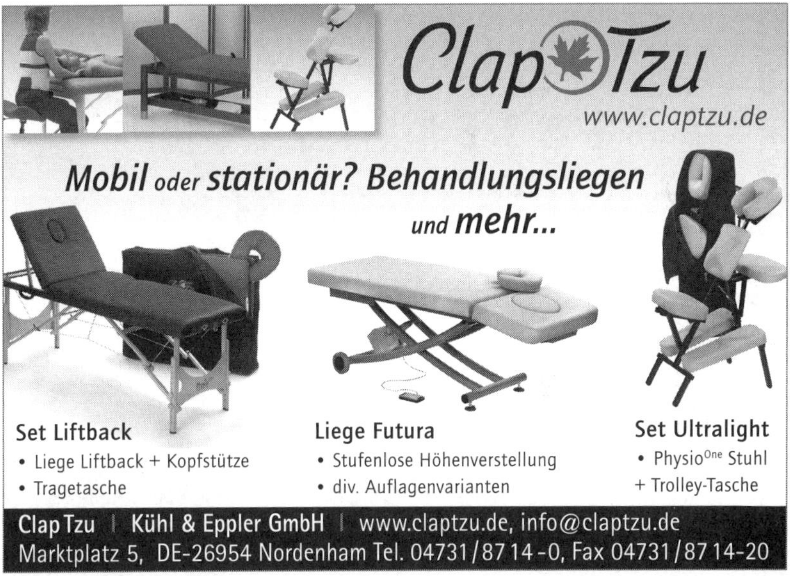
Clap Tzu
www.claptzu.de
Mobil oder stationär? Behandlungsliegen und mehr...
Set Liftback
• Liege Liftback + Kopfstütze
• Tragetasche
Liege Futura
• Stufenlose Höhenverstellung
• div. Auflagenvarianten
Set Ultralight
• Physio One Stuhl
+ Trolley-Tasche
Clap Tzu | Kühl & Eppler GmbH | www.claptzu.de, info@claptzu.de
Marktplatz 5, DE-26954 Nordenham Tel. 04731/87 14-0, Fax 04731/87 14-20

pt
Gratis-Schnuppern
neues Konzept_neue Redaktion_neues Layout
schnuppern@pflaum.de
fon 089_1 26 07-0 • fax 089_1 26 07-333
www.physiotherapeuten.de
Pflaum Verlag • Lazarettstr. 4 • 80636 München